보육실습

김미정 · 김종애 · 김진영 · 안순옥 · 유명례 · 장경자

창지사

머리말

"보육의 질은 교사의 질을 넘지 못한다."라는 말이 있다. 질 높은 보육을 실현하기 위해서는 교사의 역할이 중요하다는 의미를 담고 있는 말이다. 특히 보육교사는 영유아들의 삶에서 최초로 만나는 가장 중요한 선생님이다. 영유아기는 전인적인 발달의 기초를 세우는 중요한 시기이므로, 영유아들을 올바르게 성장·발달시키기 위한 보육교사의 역할이 무엇보다 중요하다.

영유아들은 나라를 책임지고 이끌어 갈 미래의 주역들이다. 이런 보배롭고 존귀한 영유아들을 올바르게 성장·발달시키기 위해서 우수한 교사를 배출하는 일은 시급한 과제이다.

최근 영유아교육기관에서 영유아들을 학대하는 사건이 종종 일어나고 매체를 통해 보도되어 사회적 문제가 되고 있는데, 이는 경각심을 높이고 보육교사의 인성과 자질을 점검해 보는 계기가 되었다. 이와 함께 전반적인 보육교사 배출 과정을 점검해 보는 일환으로 보육교사 양성 교육 과정의 문제점이 지적되면서 2017년 1월 1일부터 보육교사 자격증 과정의 기준이 강화되었다. 대표적으로 보육 서비스의 질적 수준을 향상시키고자 보육실습 기준을 더욱 강화하였다.

이 교재를 쓴 집필진들은 우수한 보육교사를 배출하는 일에 관심을 가지고 학교 등 양성교육기관에서 보육실습 강의를 6년 이상 담당해 온 강의자들로 구성되어 있다. 학점은행제 학생들을 훌륭한 보육교사로 배출하기 위해 교육 현장에서 함께 깊이 고민해 왔고 무거운 사명감과 책임감으로 이 책을 집필하게 되었다.

보육교사의 인성과 자질, 보육에 대한 보육 헌신은 예비보육교사 시기에 보육 이론을 학습하면서부터 시작해서 보육실습을 통해 이론을 실습 현장에 접목하면서 구체화된다고 할 수 있다. 학점은행제 예비

보육교사는 직업에 대한 확고한 의지가 있어 바로 현직 교사로 진출하기 때문에 이들을 양질의 헌신적 교사로 양성하는 것은 무엇보다 큰 의미가 있다.

2017년 기준으로 국내 학점은행제 평생교육원 수는 299개가량으로 보고되고 있다. 성인 학습자들이 자유롭게 이용 가능하다는 장점 등으로 매년 많은 인원의 보육교사를 배출하고 있는 추세이다. 그럼에도 불구하고 아직까지 학점은행제 예비보육교사를 위한 맞춤형 보육실습 교재는 많지 않다.

학점은행제 예비보육교사가 보육실습 시작 전 이론 수업과 보육실습 후 평가회 수업을 통하여 우수한 보육교사로서 준비를 할 수 있도록 돕는 일은 우리 집필진들의 보람과 소명이라고 생각한다. 두 번의 대면으로 이루어지는 보육실습 수업에 맞는 내용을 포함한 교재를 집필하기 위해 군더더기 없는 꼭 필요한 핵심적인 내용을 담으려고 노력하였다. 앞으로 학점은행제 예비보육교사들이 보육 현장에 진출하여 질 높은 보육을 실현하는 우수한 보육교사가 되길 바라는 간절한 저자들의 마음이 전해지길 바란다.

이 교재는 1장 보육실습의 기초, 2장 보육실습생의 역할과 자세, 3장 보육실습의 일과 운영, 4장 영유아 관찰 및 교사-영유아 상호작용 관찰, 5장 보육 계획 운영 및 보육실습일지 작성법, 6장 보육실습 평가, 부록으로 구성되었다. 이 교재가 예비보육교사와 현장의 보육교사들에게 보육실습을 진행하는데 실제적으로 도움이 되길 바란다.

제한된 시간 내에 집필을 마무리하다 보니 아쉬운 점과 미비한 점이 많을 것으로 생각된다. 앞으로 개정판으로 충실히 보완해 나갈 것을 약속하며 따뜻한 조언의 말도 기대해 본다.

마지막으로 이 교재가 출판되기까지 애써 주신 창지사 이상대 상무님과 편집부 직원분들께 감사의 말을 전하고 싶다.

2019년 3월 저자 일동

차 례

1장
보육실습의 기초

1. 보육실습의 개념과 의의

1) 보육실습의 개념

보육실습은 앞으로 보육교사가 되고자 준비하는 학생이 대학 등의 양성교육기관에서 필요한 교과목을 이수하고 실제로 보육 현장에서 보육교사의 역할을 직접 경험해 보는 과정이다. 보육실습은 국가가 발급하는 '보육교사 자격증'을 취득하기 위해 기초적인 과정이면서 필수적인 과정이다. 보육실습은 대학 등의 양성교육기관에서 배운 이론과 지식을 보육 현장에 실제 적용하면서 보육교사로서 갖추어야 할 지식, 기술, 태도 등을 수행해 보는 전 과정을 말한다.

즉, 보육실습은 학생의 신분으로 보육 현장에서 보육교사의 역할을 배우고 연습해 보는 과정이다.

2) 보육실습의 목적

보육실습생이 보육실습을 통해 성취할 수 있는 목표는 다음과 같다(한국보육진흥원, 2017).

(1) 보육의 철학과 목적 및 목표에 대한 생각을 발전시킨다.
(2) 실제 경험을 토대로 영유아에 대한 심화된 이해를 한다.
(3) 연령과 발달 수준에 적합한 구체적인 보육 내용, 놀이 중심의 상호작용, 영유아의 흥미를 고려한 효과적인 교수법 등을 관찰하고 직접 수행해 본다.
(4) 실습기관의 실내·외 환경 구성 및 자료의 적절한 활용을 경험한다.
(5) 보육교사의 전문적 역할과 책임, 태도를 직접 경험한다.
(6) 보육실습생 스스로 보육교사로서의 자질을 파악하고, 전문성을 향상시키기 위한 노력을 하며, 향후 진로를 탐색한다.
(7) 보육실습기관과 가정, 지역사회와의 연계를 경험하고, 어린이집 내 조직 문화 등을 이해한다.

3) 보육실습의 의의

보육실습의 의의를 구체적으로 살펴보면 다음과 같다(윤희경 외, 2017).

(1) 보육 현장을 이해하는 과정이다.
(2) 보육 이론을 실제 보육 현장에 적용해 보는 과정이다.
(3) 보육교사로서 전문성을 높이는 과정이다.
(4) 보육 전반에 관한 새로운 시각을 형성하는 과정이다.
(5) 보육교사로서의 적성과 능력을 점검하는 과정이다.

2. 보육실습의 유형

1) 사전 실습

사전 실습은 정규 실습 2~3개월 전 또는 1~2학기 전부터 시작하며, 실습 시간은 매일 참여하거나 주 1회로 참여하는 등 다양한 형태로 이루어지고 있다. 사전 실습은 정규 실습을 위한 준비 과정이며, 정규 실습의 효과를 증진시키기 위한 과정으로 이해하면 된다.

사전 실습은 주로 관찰 실습으로 이루어지며 의무적이거나 필수적인 사항은 아니기 때문에 실습기관의 지침에 따르면 된다. 점차 사전 실습하는 기관이 증가하는 추세이지만 아직까지도 사전 실습을 사전 방문으로 대체하는 경우도 있다.

2) 정규 실습

정규 실습은 보육교사 자격을 획득하기 위한 필수 과정이며, 법적으로 인가받은 정원 15명 이상의 평가인증을 유지하는 어린이집, 교육 과정과 방과 후 과정을 운영하는 유치원에서 6주 240시간 의무적으로 실습을 하여야 한다.

실습 기간 동안 실습 담당 교수와 실습 지도 교사(보육교사 1급, 유치원 정교사 1급)의 지도를 받아 보육교사로서의 역할을 모두 수행해 보는 과정이다. 관찰 수업에서 실제 수업까지 모두 보육교사로서의 경험을 하게 된다. 그리고 실습 지도 교사는 실습생 3명까지 지도가 가능하다.

보육실습은 6주 이상 240시간 이상을 원칙으로 하되, 2회에 나누어 실시할 수 있다. 2주와 4주, 3주와 3주, 4주와 2주로 나누어 1개 기관 혹은 2개 기관에서 나누어 실시 가능하다(보육통합정보시스템에 각각 실습생으로 등록하고 보육실습 종료 후 원장에게 각각 확인서를 발급받아 양성교육기관에 제출).

정규 실습은 실습생이 보육 활동을 직접 계획, 실시, 평가해 보며 학교에서 배운 보육 관련 이론이나 지식을 보육 현장에 실제로 적용해 보는 과정이다. 정규 실습의 내용에는 관찰실습, 놀이 및 활동 지도, 일과 지도, 생활 및 행동 지도, 사무 관리가 모두 포함된다(김정희 외, 2017).

(1) 보육실습생 등록 방법과 절차

보육통합정보시스템(어린이집지원시스템)에 실습생과 실습 지도 교사의 정보를 등록하여야 한다. 이는 실습생이 실습기관에서 실습하고 있음을 확인하는 절차이다. 그리고 실습 마지막 날 제출하고 출력하여 어린이집 직인을 받은 후 양성교육기관에 제출하면 된다. 이때 어린이집 직인은 정확하게 찍어서 확인이 가능해야 하며 원본이어야 한다. 이 서류가 보육실습확인서(2부)이다(양성교육기관 1부 제출, 본인 보관용 1부).

▶**보육실습생 등록 방법:** 보육통합정보시스템 → 〔교육 관리〕 → 〔보육실습생 관리〕 → 〔등록〕 버튼 클릭(실습이수자 기본 사항, 실습 기간 입력) → 〔저장〕 보육실습생 정보 저장 완료
※ 실습이수자 기본 사항 및 실습 기간 등을 입력 완료해야만 실습 지도 교사 관련 사항 입력 가능

▶**실습 지도 교사 등록 방법:** 지도 교사 성명과 자격 종류(자동 연동)를 선택 후 자격 번호 입력 → 〔저장〕 보육실습생 및 지도 교사 정보 저장 완료
※ 보육실습을 지도한 학생이 1명 이상일 경우 〔추가〕 버튼 클릭

▶**보육실습확인서 제출 여부 확인:** 보육실습확인서를 제출하면 보육실습생 정보는 〔미제출〕 → 〔제출〕로 변경됨(제출하면 출력이 가능함)
※ 보육실습확인서 제출은 실습 종료일 가능함

(2) 보육실습 주차별 실습 내용

보육실습 6주간 실시 과정을 주차별로 제시하면 다음과 같다. 양성교육기관과 보육실습기관의 상황에 따라 선택하여 운영할 수 있다. 보육실습 6주 연속 실시 내용은 〈표 1-1〉과 같다.

〈표 1-1〉 보육실습(6주 연속) 실시 내용

<table>
<tr><th>주</th><th>1일차</th><th>2일차</th><th>3일차</th><th>4일차</th><th colspan="2">5일차</th></tr>
<tr><td>사전 방문과 교육</td><td colspan="6">• 사전 방문하여 실습 오리엔테이션을 실시함
• 보육실습 일정과 내용, 준비물, 준비 서류 및 기타 유의 사항 합의</td></tr>
<tr><td>사전 참여 실습 (1주)</td><td>1주</td><td colspan="5">• 어린이집의 운영 철학 및 보육 서비스 등의 특징 파악
• 어린이집 보육교직원들과 친밀감 형성
• 모든 연령의 반 참여 관찰 : 일과 운영, 보육 환경, 교사-영유아 상호작용 등 영아반과 유아반 고르게 경험, 실습기관의 지침에 따라 순서는 융통성 있게 운영
• 보육실습일지 작성과 지도 교사의 평가</td></tr>
<tr><td rowspan="8">보육 활동 운영 실습 (4주)</td><td rowspan="2">2주</td><td colspan="5">• 실습 반 영유아와 친밀감 형성하기
• 보조 교사로서의 역할 수행하기</td></tr>
<tr><td colspan="2">• 실습 반 관찰(일과 운영, 보육 환경, 교사-영유아 상호작용 등)</td><td colspan="3">• 3주차 영역별 보육 활동 선정 및 계획안 제출과 지도 교사의 평가</td></tr>
<tr><td rowspan="2">3주</td><td></td><td>• 영역별 보육활동실습</td><td></td><td>• 영역별 보육활동실습</td><td></td></tr>
<tr><td></td><td>• 자기 평가, 지도 교사 평가</td><td>• 영역별 보육 활동 선정</td><td>• 자기 평가, 지도 교사 평가</td><td>• 연계 활동 계획안 제출</td></tr>
<tr><td rowspan="2">4주</td><td></td><td>• 연계 활동 실시</td><td></td><td></td><td></td></tr>
<tr><td>• 연계 활동 자료 준비 및 제작</td><td>• 자기 평가, 지도 교사 평가</td><td colspan="2">• 반일(일일) 보육 계획 협의</td><td>• 반일(일일) 보육계획안 제출</td></tr>
<tr><td rowspan="2">5주</td><td></td><td></td><td>• 반일(일일) 보육 활동 실시</td><td rowspan="2"></td><td rowspan="2"></td></tr>
<tr><td colspan="2">• 반일(일일) 보육 활동 자료 점검</td><td>• 자기 평가, 지도 교사 평가</td></tr>
<tr><td>사후 참여 실습 (1주)</td><td>6주</td><td colspan="3">• 참여 관찰(일과 운영, 보육 환경, 교사-영유아 상호작용 등)
• 보조 교사 역할 수행하기
• 보육실습일지 작성</td><td>• 최종 어린이집 실습 평가회 (원장,지도 교사 등 참여)</td><td>• 실습일지 및 기타 실습 관련 서류 제출</td></tr>
</table>

출처: 한국보육진흥원(2017).

3) 사후 실습

사후 실습은 정규 실습 이후에 정규 실습을 보완하는 과정으로 이루어진다. 정규 실습 6주 과정은 보육교사의 역할을 모두 배우기에 아주 부족한 시간이다. 그래서 사후 실습은 정규 실습에 대한 보충 과정이며 심화 과정이라고 할 수 있다.

예비보육교사는 정규 실습에서 자신의 경험이 실제 현장의 모두라고 생각할 수 있기 때문에 정규 실습이 체계적으로 이루어지지 않은 예비보육교사에게는 사후 실습의 중요성과 필요성이 강조되고 있다(윤희경 외, 2017).

사후 실습은 정규 실습을 받은 실습기관에서도 가능하고 다른 기관도 가능하며 실습생과 양성교육기관의 자율적인 선택에 의해 결정할 수 있다.

3. 보육실습 교과목의 내용

1) 보육실습 교과목의 운영

대학 등 양성기관은 2017년 1월 1일 이후부터, 교육 훈련시설은 2016년 8월 1일 이후 입학자부터 보육 현장실습 6주 240시간과 별도로 보육실습 교과목의 이론 수업을 필히 편성·운영해야 한다. 대학 등 양성기관에서 보육실습 교과목은 3학점을 기준으로 하며 「영유아보육법」 시행규칙 제12조 1항에 보육실습에 관한 기준에 따라 보육 현장실습을 실시한다.

2017년 1월 1일 이후 입학한 사람부터 적용되는 보육교사 2급 자격 기준을 위하여 보육실습 이전에 이수해야 하는 교과목 및 학점은 〈표 1-2〉와 같다.

〈표 1-2〉 보육교사 2급 교과목 및 학점 자격 기준 (2017년 1월 1일 이후 입학자)

영역	교과목	이수 과목(점수)
교사 인성	보육교사(인성)론, 아동권리와 복지	2과목(6학점) / 필수
보육 지식과 기술 (필수)	보육학개론, 보육과정, 영유아발달, 영유아교수방법론, 놀이지도, 언어지도, 아동음악(또는 아동동작, 아동미술), 아동수학지도(또는 아동과학지도), 아동안전관리(또는 아동생활지도)	9과목(27학점) / 필수
보육 지식과 기술 (선택)	아동건강교육, 영유아 사회정서지도, 아동문학교육, 아동상담론, 장애아 지도, 특수아동 이해, 어린이집 운영관리, 영유아 보육프로그램 개발과 평가, 보육정책론, 정신건강론, 인간행동과 사회 환경, 아동간호학, 아동영양학, 부모교육론, 가족복지론, 가족관계론, 지역사회복지론	4과목(12학점) / 이상 선택
보육 실무	아동관찰 및 행동연구, 보육실습	2과목(6학점) / 필수
전체	17과목 51학점 이상	

출처: 나귀옥 외(2017).

2) 대면 교과목

보육교사의 자격 기준 강화에 따라 2017년 1월 1일 이후 입학한 자는 〈표 1-3〉의 과목에 출석해 수업에 참여하여야 한다. 즉, 사이버 강의로 학점을 이수하더라도 과목 당 반드시 8시간 이상 출석 수업에 참석하여야 하며, 1회 이상의 출석 시험을 실시하여야 한다.

〈표 1-3〉 대면 교과목 영역

영역	교과목
교사 인성	보육교사(인성)론, 아동권리와 복지
보육 지식과 기술	놀이지도, 언어지도, 아동음악(또는 아동동작, 아동미술), 아동수학지도(또는 아동과학지도), 아동안전관리(또는 아동생활지도)
보육 실무	아동관찰 및 행동연구, 보육실습

출처: 나귀옥 외(2017).

3) 보육실습 법적 기준

2017년 1월 1일 이후 보육실습을 하게 되는 실습생에게 적용되는 보육실습의 법적 기준을 요약하면 〈표 1-4〉와 같다.

〈표 1-4〉 보육실습 법적 기준 (2017년 1월 1일 이후 변경 사항)

구분	기준
실습 운영	• 보육실습은 이론 수업과 보육 현장실습으로 운영한다.
실습 기간	• 보육 현장실습은 6주 이상 240시간 이상을 원칙으로 하되, 2회에 나누어 실시할 수 있다. (2주와 4주, 3주와 3주, 4주와 2주로 나누어 1개 기관 혹은 2개 기관에서 나누어 실시 가능)
실습기관	• 법적으로 인가받은 정원 15명 이상의 평가인증을 유지하는 어린이집이 원칙이다. • 교육 과정과 방과 후 과정을 운영하는 유치원도 가능하다.
실습 지도 교사	• 보육교사 1급 또는 유치원 정교사 1급 자격을 가진 사람이 보육실습을 지도한다. • 실습 지도 교사 1명당 보육실습생은 3명 이하로 한다.
실습 인정 시간	• 평일(월요일~금요일) 오전 9시부터 오후 7시 사이에 실습한 경우에만 인정한다. • 보육실습 시간은 1일 8시간을 초과할 수 없다. (점심 시간 포함)
실습 평가	• 보육실습일지(20%)와 보육실습 평가서(50%)에 근거하여 평가한다. • 평가 점수는 80점(B학점) 이상인 경우에만 보육실습을 이수한 것으로 인정한다.
기타	• 어린이집이 평가인증을 유지하고 있는지 여부는 임신육아종합포털 아이사랑 홈페이지(http://www.childcare.go.kr) 내 '어린이집 〉 어린이집 찾기 〉 평가인증 정보'를 통해 확인할 수 있다.

출처: 한국보육진흥원(2017).

4. 보육실습 시 준비 사항 및 서류

보육교사를 양성하는 양성교육기관에서는 보육실습을 시작하기 전에 보육실습 교과목에 관련된 법적 기준을 살펴보고, 면밀히 계획을 세워 보육실습의 전체 과정이 차질 없이 이루어 질 수 있도록 해야 한다. 양성교육기관에서 보육실습을 계획할 때 준비해야 할 사항은 구체적으로 〈표 1-5〉와 같다.

〈표 1-5〉 보육실습 시 준비 사항 및 서류

구분	교수 및 양성교육기관	실습생
내용	• 보육실습기관 섭외, 선정 확인 • 보육실습생 상해보험 가입(권장 사항) • 양성교육기관의 실습 사전 교육 실시 • 보육실습비 지급 안내 • 보육실습생 건강진단결과서 발급 안내 • 성범죄경력 조회 및 아동학대 관련 범죄전력 조회 안내 • 보육실습 오리엔테이션	• 보육실습기관 사전 방문 및 사전 교육 • 서류 작성 및 보육실습기관에 서류 전달 - 보육실습생 신상 카드 - 보육실습생 자기소개서(필요시) - 보육실습생 서약서 - 보육실습확인서 양식 - 보육실습 평가서 양식 - 보육실습비 영수증 양식 - 보건소의 전염성 질환에 대한 건강진단결과서(구 보건증)
서류 및 준비물	• 보육실습 신청서 • 보육실습 협조 공문 • 보육실습 동의서 • 보육실습생 신상 카드 • 보육실습생 자기소개서(필요시) • 보육실습생 서약서 • 보육실습확인서 • 보육실습 평가서 • 보육실습비 영수증 • 보육실습일지 제작	• 이름표(양성교육기관명, 보육실습생 성명) • 앞치마 • 실내화 또는 덧신(필요시) • 실외 놀이용 신발(필요시) • 여벌 옷(필요시) • 보육실습일지 및 필기도구

출처: 한국보육진흥원(2017).

2장 보육실습생의 역할과 자세

1. 보육실습생의 역할과 자세

보육실습은 예비교사가 보육교사로서 성장할 수 있도록 경험을 제공해 줌으로써 총체적인 준비를 하는 과정이다. 그러므로 보육실습생은 예비보육교사로서 보육실습기관의 보육 목적과 보육 방침을 이해하고 이를 달성하기 위해 적극 협력하고 참여해야 한다. 또한 보육실습기관의 제반 규정을 준수하고 보육실습생으로서의 역할과 자세를 숙지하여 보육실습의 목적을 이루어야 한다.

1) 보육실습생의 실습 준비

(1) 영유아를 지도할 입장에 있는 보육실습생은 실습에 임하기 전 실습 목적을 달성하기 위하여 올바른 마음가짐과 철저한 준비를 해야 한다.

(2) 보육실습기관의 유형과 그에 따른 운영 방침이 다르고 보육실습기관의 장에 따라 운영 방법이 다를 수 있으므로 기본적인 긍정적 마음으로 실습에 임할 준비가 필요하다.

(3) 성공적인 보육 활동을 수행하기 위하여 영유아를 이해하려는 기본적인 마음 자세와 더불어 영유아 발달과 학습에 관한 교과목들을 다시 한번 정리해 보는 시간을 갖는 것도 중요하다.

2) 보육실습생의 실습 시기 발달 단계

보육실습생의 정규 실습 시기 발달 단계를 4단계로 구분하면 다음과 같다(류칠선, 1998).

(1) 적응기

보육실습생들은 현장실습을 나가기 전에, 지금까지 학교에서 이론적·실제적으로 많이 배운 것 같지만 아는 게 하나도 없는 것 같아 막막하다고 걱정을 많이 한다. 그러나 실제로 보육실습이 시작되면 두려움과 걱정되던 마음보다 자신감도 생기고 열심히 하고자 하는 마음이 생긴다.

(2) 율동적 경험기

보육실습생들은 실습이 진행됨에 따라 보육실습생으로서 해야 하는 여러 가지 역할을 수행하면서 육체적 피로 대 보람, 서운함 대 감사함의 율동적 패턴을 경험한다.

(3) 혼란기

보육실습생은 현장실습이 진행됨에 따라 학교 수업에서 배운 이론이나 사전 실습기관에서 경험했던 것과 실제 실습 상황에서 느끼는 물리적 환경, 영유아의 특성에 대한 지식, 교육 내용 및 방법 등이 크게 차이가 있다는 사실에 혼란스러워한다.

(4) 미래를 위한 준비기

보육실습생은 보육실습을 통해 직접적·간접적 체험을 하면서 학교에서 배운 이론적 지식보다 실습을 통한 교육이 효과적이라고 생각하며 열심히 미래를 준비한다.

- 보육실습생들은 실습을 받는 동안 다음과 같은 6단계의 변화 과정을 거친다고 하였다.

① 1단계 : 기대·흥분 대 걱정
② 2단계 : 역할의 전환
③ 3단계 : 부분적인 역할 분담
④ 4단계 : 책임의 이양
⑤ 5단계 : 동료 교사로 인정받음
⑥ 6단계 : 과업의 완성

3) 보육실습생의 역할

보육실습생의 역할에는 관찰자, 보조 교사, 예비보육교사로서의 역할이 있다(윤매자 외, 2017)

(1) 관찰자로서의 역할

① 보육실습기관 환경 및 보육 환경 구성 관찰
② 영유아 행동 및 활동 관찰

(2) 보조 교사로서의 역할

① 보육 일과 및 활동 참여
② 보육실 청결 관리와 정리 정돈
③ 보육실습기관의 가정 간 연계 프로그램이나 행사 참여

(3) 예비보육교사로서의 역할

① 보육실습일지 작성, 지도 교사의 조언 및 매일의 자기 평가
② 보육활동계획안 작성
③ 영역별 보육 활동, 반일(일일) 보육 활동 등의 보육활동계획 및 실행

▶ **보육실습생의 전반적인 역할 수행**
• 어린인집 환경 탐색 및 관찰
• 보육 일과 및 활동 참여
• 영유아 행동 및 활동 관찰
• 보육실습일지 작성 및 자기 평가
• 보조 교사 역할
• 보육활동계획안 작성
• 영역 보육 활동, 반일 보육 활동, 일일 보육 활동 등의 계획 및 실행
• 보육실 정리 정돈

출처: 김정희 외(2017).

4) 보육실습생의 자세

보육실습생은 보육실습을 통하여 교직 경험의 습득과 합리적인 교직 기술을 연마할 수 있다.

숭고한 교육자적 정신을 확립할 수 있으며 보육교사로서의 자기 이해와 자기를 검증할 수 있는 기회로 삼아 실습 중 일어날 수 있는 많은 요인들에 대해 잘 해결할 수 있는 마음가짐과 각오가 필요하다. 실습 시 발생할 수 있는 스트레스의 요인과 대처 방법은 다음과 같다(임승렬, 2017).

(1) 시간 부족

① 모든 업무를 기록한다.

② 업무의 순서를 정한다.

③ 업무의 마감일을 정한다.

④ 수행한 업무는 확인하여 체크한다.

(2) 수업과 관련 없는 과다한 업무

① 반드시 필요한 업무와 불필요한 업무를 분류한다.

② 일이 과다하여 책임을 완수할 수 없을 때 지도 교사와 논의한다.

(3) 수업 계획 및 준비

① 자신이 할 수 있는 범위에서 정한다.

② 일일 수업계획서를 구체적으로 작성한다.

③ 지도 교사와 수업에 대하여 협의한다.

(4) 영유아의 학습, 동기 유발 및 수업 진행

① 동기 유발 및 수업 진행 과정을 상세히 기록하고 숙지한다.

② 영유아의 다양한 반응을 분석해 본다.

③ 동료 실습생과 지도 교사와 의논한다.

(5) 자료 부족 및 열악한 환경

① 기관에 있는 자료 중 활용 가능한 자료를 파악한다.

② 자료가 부족한 경우는 지도 교사와 논의 후 재활용품을 활용할 수 있다.

③ 자료를 제작할 경우에는 제작이 용이하고 견고하며 활용도가 높은 방향으로 제작한다.

(6) 지도 교사와의 관계

① 실습 지도 교사로서 존중하는 마음가짐을 갖는다.

② 모든 일은 지도 교사와 먼저 상의한다.

③ 긍정적인 관계를 유지할 수 있도록 적극적인 자세로 임한다.

(7) 원장 및 교직원과의 관계

① 직접 관계하기보다는 처음에는 지도 교사를 통해서 관계를 형성한다.

② 어려움이 생기면 지도 교사와 의논한다.

5) 보육실습생의 근무 태도

보육실습생은 바람직한 인간성과 건전한 성격을 갖추어야 한다. 항상 겸손하며 실습기관의 교직원과 학부모, 영유아를 존중하는 마음가짐으로 성실하게 근무해야 한다. 보육실습생의 바람직한 근무 태도는 다음과 같다(한국보육진흥원, 2017).

(1) 보육실습 기간 동안 예비교사로서의 품위를 지키고, 매사에 영유아에게 본보기가 되도록 언행에 주의한다.

(2) 보육실습일지를 작성하며, 보육실습 지도 교사의 조언을 받는다.

(3) 보육 활동 전에 보육실습 지도 교사에게 보육활동계획안(영역별 보육 활동, 반일 보육 활동 또는 일일 보육 활동)을 제출하여 지도를 받은 후 보육 활동에 임한다.

(4) 영유아의 일상생활 지도에 대한 지침은 해당 보육실습기관의 내용에 따른다.

(5) 해당 보육실습기관으로부터 영유아의 안전사고 예방에 대한 사전 교육의 내용을 숙지하도록 한다.

(6) 실습기관의 비품 및 기자재를 사용하고자 할 때는 보육실습 지도 교사와 담당자의 허락을 받고 사용 방법에 유의하여 조심스럽게 사용한 후 반납한다.

(7) 보육 활동에 필요한 교재교구를 제작할 때에는 반드시 보육실습 지도 교사와 사전에 협의한 후 제작한다.

(8) 보육실습 중 응급 상황이 발생했을 때는 즉시 보육실습 지도 교사에게 알리고 지도를 받는다.

(9) 매일 작성하는 보육일지를 비롯하여 각종 제출물은 기일을 엄수하여 제출한다.

(10) 학부모 질문 시 친절한 태도로 보육실습생임을 밝히고 보육실습 지도 교사에게 안내해야 하며, 실습생은 학부모 상담을 하지 않도록 한다.

(11) 보육교직원, 영유아, 부모는 물론이고 어린이집을 방문하는 방문객에게 공손하게 인사하며 항상 밝고 친절한 모습으로 대한다.

(12) 지도 교사의 수업 지도 시 보조 교사 역할을 한다(수업을 참관하는 것이 아니고 참여하여 지도 교사의 수업을 돕는다).

(13) 실습기관에서의 흡연은 절대 금한다.

(14) 보육실습 중 휴대폰 사용을 금하고 보육실에 휴대폰을 가지고 들어가지 않는다.

(15) 커피 및 음료는 보육실 이외의 정해진 장소에서 음용한다.

(16) 동료 보육실습생들 간의 호칭은 '○○○선생님'으로 하고 실습생들 간에도 존대어를 사용한다.

(17) 실습생은 일과 운영 시 지도 교사 및 다른 교사들과 잡담하지 않는다.

(18) 실습기관의 운영에 관한 사항이나 원장 및 교사들의 사적인 내용, 원아와 가정에 관한 사항은 절대 함구해야 한다.

(19) 학부모와는 개인적인 친분 관계를 가져서는 안 되며, 혹여 친분 관계가 있더라도 공과 사를 구분하도록 한다.

(20) 보육실습 기간 중 불만이나 갈등 상황이 발생했을 경우 실습기관의 규정과 절차에 따라 해결한다.

6) 보육실습생의 근무 시간

(1) 실습기관의 출근·퇴근 시간 규정을 따른다. 실습생은 출근과 동시에 출근부에 날인한다. 출근 시간은 정해진 시간보다 10분 정도 일찍 출근하여 보육실 정리 및 하루 일과 실습 준비를 한다. 근무 중 사적인 외출은 삼가도록 한다. 퇴근 시간은 어린이집의 규정에 따르며 지도 교사의 허락을 받도록 한다. 혹여 행사 등 원의 사정에 의하여 퇴근 시간이 명확하지 않더라도 어린이집 교사들을 도와 배운다는 자세로 참여하는 것이 바람직하다.

(2) 실습 시간은 평일(월~금요일) 오전 9시부터 오후 7시 사이, 1일 8시간에 대해서만 실습으로 인정된다.

(3) 출근 시간을 엄수하고 무단결근, 지각, 외출 및 조퇴를 금한다. 부득이한 경우에는 사전에 실습기관에 사유서를 제출하여 허락을 받는다.

(4) 부득이한 사유로 실습기관에서 결근 허락을 받은 경우, 결근 일수만큼 다른 날짜에 보육실습을 하여 보육실습 총 시간 및 일수를 맞추도록 한다.

(5) 매일 정해진 시간에 출근하여 출근부에 날인하며, 퇴근 시 보육실습 지도 교사와 원장에게 허락을 받고 퇴근한다.

7) 보육실습생의 복장 및 용모

(1) 복장과 용모는 청결·단정하게 한다.

(2) 이름표는 왼쪽 가슴에 착용한다(부드러운 펠트지나 헝겊으로 된 이름표를 착용한다).

(3) 지나치게 화려하거나 노출이 심한 복장은 피한다(민소매 옷, 짧은 바지나 치마, 속옷이 보이는 옷, 몸에 꼭 붙는 옷 등).

(4) 짙은 화장, 진한 향수, 영유아의 안전상 문제가 되는 장신구 등은 피한다. 특히 영아반 실습생의 경우 옷의 브로치로 영유아가 상처를 입을 수 있으며, 장식이 돌출되어 있는 반지나 긴 줄의 목걸이나 귀걸이는 영아가 잡아당

길 염려가 있으므로 착용에 주의한다.

(5) 손톱은 짧게 깎고, 손은 언제나 청결하게 관리한다.

(6) 영유아의 안전과 위생을 위해 긴 머리카락의 경우 단정히 뒤로 묶는다.

(7) 실내에서는 실내화(덧신) 또는 양말을 꼭 신는다.

(8) 실내·외에서 굽이 높은 신발이나 슬리퍼는 신지 않는다.

8) 보육실습생의 언어 사용

(1) 음성의 톤이 너무 높거나 빠르지 않도록 유의하며 부드럽게 이야기한다.

(2) 발음은 분명하게 하며 되도록 표준어를 사용한다.

(3) 어린이집 보육교직원, 부모는 물론 영유아에게 예의에 어긋난 언어를 사용하지 않는다(예: 야!, 너!, 혼날래? 등).

(4) 영유아를 부를 때는 이름을 부른다.

(5) 언어뿐 아니라 비언어 행동, 즉 표정, 손짓, 몸짓, 제스처 등도 교사로서의 품위를 지켜야 하며, 영유아의 의사를 적극 수용하도록 한다.

2. 보육실습생의 윤리 규정 및 윤리 강령

1) 보육실습생의 윤리 규정

보육실습생은 보육실습을 통하여 예비보육교사로서 전문성을 높여 나가야 하고, 영유아의 바람직한 인성 형성을 돕기 위해 높은 윤리와 도덕적 규범을 갖추어야 한다.

▶보육실습생의 윤리 규정

- 신체적, 정신적, 사회적으로 건강해야 한다.
- 영유아를 존중하고 편견이나 차별 없이 그대로 수용해야 한다.
- 영유아를 돌보고 지도하는 것을 즐거워하며 인내심이 있어야 한다.
- 보육실습 지도 교사 및 보육교직원을 예의를 지키고 존중한다.
- 보육실습생 상호 간에 존중하고 예의를 지킨다.
- 특정 영유아를 편애하거나 언어적, 신체적 처벌 및 상벌을 하지 않는다.
- 실습 지도 교사가 지시하기 전에 보육실습생으로서 자신이 해야 할 일들을 미리 솔선수범하여야 한다.
- 보육실습 기간 중에 부여된 일에 대하여 책임 있게 수행한다.
- 항상 긍정적이고 밝은 모습을 갖도록 노력한다.
- 학부모를 존중하고 예의를 지키되, 학부모와 개인적인 관계를 갖지 않는다.
- 영유아의 신상에 관련된 사항(주민 등록 번호, 가정사, 질병 등)을 외부로 유출하지 않는다.
- 실습기관의 내부 정보를 외부로 유출하지 않는다.
- 실습기관의 물품을 함부로 다루지 않으며, 개인적 용도로 사용하지 않는다.
- 실습기관의 영유아 사진이나 이름, 보육실습기관명 등을 실습생의 개인 홈페이지, SNS, 트위터 등에 올리지 않는다.

출처: 한국보육진흥원(2017).

2) 보육실습생의 윤리 강령

(1) 영유아에 대한 책임

① 보육실습생은 영유아의 발달을 이해하도록 부단히 노력하지 않으면 안 된다.

② 보육실습생은 영유아에 대해 신체적, 정신적, 지적, 도덕적으로 모범이 되어야 한다.

③ 보육실습생은 어떠한 경우에라도 영유아에게 편견이나 차별 대우를 해서는 안 된다.

④ 보육실습생은 실습기관 및 영유아에 관한 모든 자료의 비밀을 보장하지 않으면 안 된다.

⑤ 보육실습생은 자신의 종교적·정치적 견해를 영유아에게 강요해서는 안 된다.

⑥ 보육실습생은 실습생으로 가르치는 영유아와 관계를 갖는 전문적인 실천가로서의 책임을 다한다.

(2) 보육실습기관에 대한 책임

① 보육실습생은 보육실습기관에 있어서 인정된 범위 내에서 연락 교섭과 권한 내에서만 행동한다.

② 보육실습생은 자신의 의무, 책임, 권한을 확인한다.

③ 보육실습생은 자신에게 위임된 책임만을 행사한다. 즉, 법적으로 실습기관의 책임은 원장 및 지도 교사에게 있기 때문에 그 통제도 함께 이루어진다.

④ 보육실습생은 배정된 반에 있어서는 지도 교사, 기타 보육교직원, 대학 또는 양성교육기관의 지도 교수 및 실습생 관찰자의 권한 및 인격적 위임을 존중한다.

⑤ 보육실습생으로서 실습 현장에서 곤란한 문제가 발생했을 때는 먼저 지도 교사와 상담한다.

(3) 대학 및 양성교육기관에 대한 책임

① 보육실습생은 실습기관에서 일어나는 작은 실수라도 대학이나 양성교육기관에 영향을 미친다는 것을 인식하여야 한다.

② 보육실습생은 대학의 지도 교수가 교직 수행에 적응시키기 위해서 제공되는 모든 지원을 높이 평가하여 이를 건설적으로 활용하여야 한다.

(4) 보육교사직에 대한 책임

① 보육교사직에 대한 긍지를 가지고 교직의 일원임을 명심하도록 한다.

② 항상 보육교사직의 전문 사항이나 시사 문제 및 정보에 뒤떨어지지 않도록 노력해야 한다.

③ 보육교사의 실제나 자격에 관한 법규적인 영역에 관하여 잘 알아야 할 책임이 있다.

▶보육인의 윤리 선언

- 나는 내가 영유아에게 지대한 영향을 미치는 존재임을 잊지 않으며, 항상 스스로의 말과 행동에 신중을 기한다.
- 나는 영유아의 인격과 권리를 존중하며, 어떠한 경우에도 영유아에게 해가 되는 일은 하지 않는다.
- 나는 영유아 가정의 다양성을 이해하고 존중하며, 상호 신뢰하는 동반자적 관계를 유지한다.
- 나는 동료를 존중하고 지지하며, 서로 협력하여 최상의 보육 서비스를 제공하기 위해 노력한다.
- 나는 보육의 사회적 책임과 역할을 인식하고, 영유아의 권익과 복지를 위한 활동에 앞장선다.
- 나는 「어린이집 원장·교사 윤리 강령」을 직무 수행의 도덕적 규준으로 삼아 진심을 다하여 충실히 이행한다.

출처: 한국보육진흥원(2017). 보육교직원 자격: 자료실6.

3장 보육실습의 일과 운영

1. 어린이집의 일과 운영

어린이집의 일과 운영의 표준보육과정의 구체적 보육 내용은 영유아의 전인적인 성장을 도모하기 위해 건강·안전·바른 생활 태도를 기르는 기본 생활, 긍정적으로 신체를 인식하고 기본 운동 능력을 기르는 신체 운동, 긍정적인 자아 개념을 형성하고 더불어 살아가는 능력을 기르는 사회관계, 언어 생활의 기초가 되는 듣기·말하기·읽기·쓰기 능력을 기르는 의사소통, 탐색 및 문제해결 능력을 기르는 자연 탐구, 그리고 예술적 요소를 경험하고 즐기는 예술 경험 등 6개 영역으로 이루어진다. 하루 일과의 등원부터 귀가까지 일상생활(간식, 배변, 휴식 등 생리적 욕구 등)과 놀이 활동 중심으로 일과를 균형 있게 수립하여 현장 학습이나 지역사회 연계 활동 진행, 계절에 따른 날씨 변화 등을 고려하여 일과를 안정적으로 운영해야 한다(표준보육과정, 2018).

1) 일과 운영 계획 수립 및 실시

(1) 보육 계획 수립

어린이집은 보육 과정의 영역별 목표와 내용에 따라 연령별 보육 계획을 편성하고 운영한다. 연간, 월간, 주간 보육 계획을 수립하되 계절이나 지역 내 특별 행사 또는 보육시설의 환경 등을 고려한다.

(2) 보육 과정 편성

어린이집은 영유아의 연령과 발달 수준, 흥미, 장애 등의 개인차와 가정 환경을 반영하여 수준별 보육 내용을 편성하되, 각 보육시설과 지역사회의 특성을 고려한다.

(3) 보육 과정 실시

어린이집은 보육 목표와 보육 내용에 적합한 보육 활동을 다양하게 선정하여 통합적으로 운영하고, 영역별 경험이나 활동을 균형 있게 제공한다.

(4) 보육 과정 운영 평가

어린이집은 보육 계획을 문서화하여 보육 내용의 선정과 실시 과정이 적절하였는지를 정기적으로 평가한다.

(5) 가정 및 지역사회의 협력

어린이집은 보육 과정의 목표와 내용을 부모와 지역사회에 다양한 방법으로 알리고, 보육 과정 운영 시 부모가 적극적으로 참여할 기회를 제공함으로써 가정과 지역사회의 긴밀한 협조를 얻는다(표준보육과정, 2007).

2) 일과 운영 시 고려 사항

등원에서 귀가까지 하루 일과 속의 영유아 활동 프로그램이 영유아의 발달 수준 및 흥미에 잘 맞추어져 있어야 하며, 영유아가 풍부한 경험을 제공받을 수 있도록 영유아 및 성인의 상호작용이 왕성하게 이루어지도록 해야 한다. 육아정책연구소는 영유아의 발달에 적합하게 하루 일과를 운영하기 위해서는 다음과 같은 사항을 고려해야 한다고 하였다.

첫째, 하루 일과에 영향을 주는 여러 요인을 고려하여 상황에 적합한 계획을 수립한다.

둘째, 하루 일과를 일관성 있게 계획하고 운영하여 영유아들이 규칙성을 경험하도록 한다.

셋째, 기저귀, 낮잠, 간식과 식사 지도 등의 일상적 양육 활동이 즐겁고 안전하며 교육적인 경험이 되도록 해야 한다.

넷째, 조용한 놀이와 활동적인 놀이, 실내 활동과 실외 활동, 개별 활동과 소그룹 활동, 교사가 주도하는 활동과 유아 주도하는 활동 등이 균형 있게 배치되도록 한다.

다섯째, 교사와 개별 영유아, 교사와 집단, 영유아와 영유아, 영유아와 교구 간의 상호작용의 기회가 골고루 제시되도록 계획한다.

여섯째, 영유아들의 흥미, 요구, 상황이나 사건 등을 고려하여 융통성 있게 운영한다.

일곱째, 생리적인 욕구를 충족할 수 있는 시간과 공간을 배려한다.

2. 영아반의 일과 운영

영아반 하루 일과 운영의 예시

시간	일과	활동 내용
07:30~09:00	등원 및 통합 보육	• 밝은 미소로 영아를 맞이하고 영아의 상태를 살핀다. • 영아의 소지품을 확인, 정리한다.
09:00~10:00	맞춤반 등원/ 실내 자유놀이	• 주간 계획에 따른 적절한 신체, 움직임, 감각, 탐색, 창의적 표현, 역할, 쌓기, 언어 놀이와 활동을 자유롭게 한다.
10:00~10:30	정리 정돈 및 화장실 가기/ 오전 간식	• 정리 정돈 및 손을 씻는다. • 간식 시간임을 알리고 손을 깨끗이 씻은 후 자리에 앉아서 기다리도록 하거나, 간식 준비에 영아도 함께 참여해 볼 수 있게 한다.
10:30~10:40	화장실 가기	• 배변하고 싶은 의사를 표현하며, 교사의 도움을 받아 화장실에 다녀온다.
10:40~11:40	실외 놀이	• 실외의 여러 가지 사물이나 자연 현상을 탐색한다. • 실외에서 산책 및 다양한 신체 활동을 한다.
11:40~12:00	손 씻기/ 점심 준비	• 손을 씻는다. • 점심 준비를 한다.
12:00~12:50	점심 식사	• 영아의 개별 특성 및 식습관에 맞추어 적당한 양을 제공해 주고, 즐거운 기분으로 식사를 할 수 있게 하며, 스스로 먹어 볼 수 있도록 격려한다. • 교사의 도움을 받아 식사 후 정리를 한다.
12:50~13:10	낮잠 준비	• 이 닦기, 세수하고 로션 바르기를 한다.
13:10~15:00	낮잠과 휴식	• 개별 침구를 깔고 조명과 음악을 이용하여 조용한 분위기를 조성하고, 수면 습관의 개인차를 고려하여 잠들 수 있도록 한다. • 늦게 잠들거나 일찍 깨는 영아는 휴식을 갖거나 조용한 놀이를 하게 한다.
15:00~15:10	정리 정돈 및 화장실 가기	• 낮잠에서 깨어나면 잠자리를 정리 하고, 화장실에 다녀오도록 한다. • 스스로 손을 씻을 수 있도록 한다.
15:10~15:30	오후 간식	• 영아가 먹는 모습에 대해 언어적으로 표현해 주며, 영아가 즐거운 분위기에서 간식을 먹을 수 있도록 한다.

시간	일과	활동 내용
15:30~18:00	귀가 및 오후 실내 자유놀이	• 주간 계획에 따른 영아의 발달 상황 및 요구를 고려하여 놀이한다. • 영아들의 놀잇감 분쟁이나 문제를 해결할 수 있도록 돕는다.
18:00~19:30	귀가 및 통합 보육	• 주간 계획에 따른 적절한 신체, 움직임, 감각, 탐색, 창의적 표현, 역할, 쌓기, 언어 놀이와 활동을 자유롭게 하다가 보호자가 오는 대로 귀가한다.

1) 만 0세 반의 일과 운영

만 0세 영아는 월령에 따라 발달의 차이가 매우 크고 개별적인 활동이 많이 요구된다. 특히 발달적, 심리적, 생리적 면에서 개별 영아의 요구에 우선하는 활동을 계획하고 수립 운영해야 하며 또한 일상적 양육, 즉 수면, 수유 및 이유, 배변 등의 생리적 요구를 점진적으로 충족시키는 것이 가장 적합한 실제이므로 일상적 양육에 기반을 둔 보육 활동을 개별적으로 균형 있게 운영해야 한다.

(1) 등원

부모와 영아의 영양 상태, 심리적 상태, 수유 여부, 배변 등에 대해 묻고 부모가 가정에서 미리 작성한 알림장을 살펴본다. 잠이 든 채로 등원하는 경우 조용히 수면할 수 있는 공간을 마련한다. 영아의 물품(기저귀, 수유용품, 여벌 옷 등)과 투약 의뢰서 등을 부모에게 받아 잘 관리한다. 가정에서 가져온 약은 영아의 이름을 써서 보관 방법에 따라 보관하며 투약 시간을 일과에 반영하도록 한다.

실습생 Tip

등원 시 영아가 부모의 품에 안겨서 오는 경우가 대부분이다. 부모로부터 가정에서의 영아의 건강 상태를 정확히 듣고 메모 또는 기억해 둔다.

(2) 낮잠

발달과 수면 습관에 따라 개인차가 크므로 세밀하게 계획하여 영아가 개별적으로 잠드는 것을 도와준다. 6~12개월 영아는 1일 2~3회 낮잠을 자며, 1회에 1시간 30분~2시간가량 잔다. 낮잠을 자거나 휴식을 하려 할 때는 서로 방해가 되지 않도록 개인 공간을 마련해 준다. 또한 영아의 잠들 때의 버릇, 애착물의 필요 여부, 잠들 때까지의 시간, 수면 시간, 잠투정 등의 수면 습관을 미리 염두에 두어 편하게 자도록 돕고 수면 중에도 자주 주의를 기울여 계속 확인하도록 한다.

실습생 Tip

영아들이 수면을 취할 때 교사의 품에 안기거나 등에 업혀서 낮잠을 자는 경우가 있다. 이때 실습생은 미리 지도 교사로부터 지도를 받아 영아가 점차적으로 개인 침구에 누워 편안하게 수면할 수 있도록 바른 습관 형성을 돕는다.

(3) 수유 및 이유식

만 0세 영아의 일과 중에 매우 중요한 일이다. 대부분 생후 4개월 영아는 1일 5~6회 4~6개월 영아는 4~5회 수유를 하고, 6~12개월 영아는 이유식과 병행하여 2~4회 수유한다. 교사는 미리 영아의 개인적 양, 횟수, 수유 간격 등을 고려하여 수유하도록 한다. 처음에는 수유 시간이나 간격이 영아마다 다르므로 영아의 요구에 맞추되, 점차 시간을 정해 놓고 계획성 있게 주는 것 좋다. 또한 이유식도 월령에 맞춰 알레르기 음식 조사 내용을 반영하여 균형 있는 영양과 다양한 맛을 경험할 수 있도록 해야 한다.

만 0세 영아들도 수유나 이유식을 마친 후에 양치를 해야 한다. 이 시기에는 소독된 가제 손수건을 손가락으로 감아 잇몸을 닦아 주며, 이가 나기 시작하면 실리콘 칫솔을 이용하여 이를 닦고 잇몸을 마사지해 줌으로써 치아의 위생 관리를 해 준다.

실습생 Tip
실습생은 지도 교사의 지도하에 이유식 또는 분유를 먹일 영아에게 턱받이를 해 준다. 또한 먹이는 중에는 긍정적인 상호작용을 하며 영아가 음식에 관심과 즐거움을 갖게 한다.

(4) 배변 훈련(기저귀 갈이 및 대소변 가리기)

기저귀 갈이는 영아의 위생·건강 관리와 연결되어 있다. 또한 대소변을 보게 되면 영아들은 인상을 찡그리거나 또는 울음으로 신호를 보낸다. 기저귀 시간이 늦어지게 되면 살이 빨갛게 짓무르게 되고, 습진으로 인해 영아들이 칭얼거릴 수 있다. 새 기저귀로 갈아주면 영아는 팔과 다리를 활발하게 움직이며 좋아한다. 영아의 대소변은 시간을 정해 자주 확인을 해야 한다. 배변 시간을 기록해 두고 그 시간 전후에 확인을 하여 영아가 상쾌한 몸 상태를 유지할 수 있도록 한다.

실습생 Tip
기저귀 갈이를 할 때 별도로 정해진 매트를 사용해야 한다. 또한 기저귀 갈이 시 영아에게 따뜻한 눈맞춤과 긍정적 상호작용으로 영아가 정서적 안정과 편안함을 느낄 수 있도록 한다.

(5) 실내 자유놀이 활동

만 0세 영아는 월령별 개별적 발달 차이가 매우 크므로 놀이 시 Ⅰ, Ⅱ 수준별 활동 및 상호작용이 이루어지도록 해야 한다. 만 0세라 할지라도 활동 영역에 신체 및 탐색, 의사소통 및 표현, 사회관계를 위한 영역을 구성할 수 있다.

> **실습생 Tip**
> 만 0세 영아라 의사소통이 잘 되지 않는다고 생각 할 수 있다. 하지만 쿠잉, 옹알이 단계로 표현하거나 또는 신체로 끊임없이 표현적 언어를 보인다. 특히 실습생은 어린 영아라 할지라도 표준 언어를 사용하여 지속적으로 긍정적 상호작용을 해 줌으로써 영아가 놀이에 즐거움을 가질 수 있도록 해야 한다.

(6) 개별 활동

만 0세 영아는 주로 혼자놀이 및 반복놀이가 중심이다. 교사는 영아들에게 놀이에 대한 친숙함과 새로운 활동에 대한 탐색의 기쁨과 즐거움을 제공해 주어야 한다.

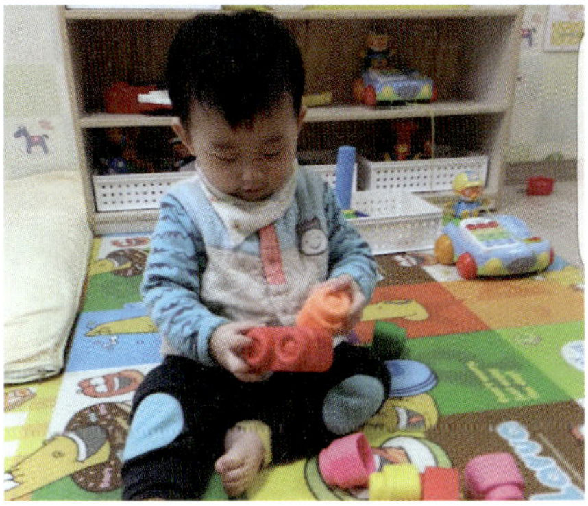

(7) 실외 활동

일과 중에서 매우 짧은 시간일지라도 실외 활동을 계획한다. 예를 들어 일광욕 놀이, 산책 등을 통하여 영아들의 건강과 면역력 강화의 기회를 제공해야 한다. 다만, 영아의 건강 상태 및 날씨 변화에 따라 융통성 있게 운영한다.

> **실습생 Tip**
> 실외 활동 시 영아들의 특성상 멀리 이동할 수는 없지만 어린이집 현관 앞에서 돗자리를 깔고 일광욕을 함으로써 영아의 면역력을 키울 수 있다.

(8) 귀가 지도

영아의 소지품(우유, 젖병, 갈아입을 옷, 손수건 등)을 집에 가져갈 수 있도록 정리하고 귀가할 준비를 한다. 어린이집에서 지내는 동안의 생리적, 심리적 건강 상태, 수유의 양, 이유식의 양, 낮잠 시간, 배변 여부 및 상태에 대해 일일관찰보고서 및 알림장에 기록함으로써 부모가 영아의 하루 일과를 대한 정보를 얻을 수 있게 한다.

실습생 Tip

만 0세의 경우 언어 전달이 어려우므로 교사는 부모에게 충분히 하루 일과에 대해 알려 준다. 특히 건강 안전에 관련된 내용은 있는 그대로 전달해 주어야 한다. 이때 실습생이 지도 교사 또는 원장보다 먼저 부모님께 영아의 하루 일과에 대하여 전달하는 것은 조심해야 한다.

2) 만 1세 반의 일과 운영

만 1세 영아는 움직임이 활발해지는 시기로, 이러한 움직임은 신체 발달을 통한 유능함의 획득과 스트레스의 해소, 기질에 따라 에너지의 발산과 축적, 공간에서 자신이 할 수 있는 것과 할 수 없는 것을 구분할 수 있게 한다. 1세 영아는 걷기와 언어적 의사 표현이 시작되면서 자신들의 주장이 많고 무엇이든 스스로 해 보려는 시기이므로 자신의 의도를 자유롭게 시도해 보고 탐색할 수 있는 기회를 가급적 많이 제공하며 활동을 운영해야 한다.

(1) 등원

만 1세 영아는 분리 불안이 심한 시기라서 부모에게 떨어져 교사에게 인계될 때 대체적으로 어려움을 겪게 된다. 이때 교사는 영아에게 친근감을 줄 수 있도록 하는 것이 중요하며 애착 형성을 하는 것은 신뢰감 형성에 매우 중요하다. 교사가 영아들을 맞이할 때, 매일 만나는 것이지만 영아들은 그때의 기분에 따라 새로운 사람이라는 느낌이 들 수가 있다. 그래서 만나는 순간 라포 형성이 중요하다. 분리 불안으로 어려워하는 영아들의 경우는 부모와 함께 등원하여 교실에서 짧은 시간이라도 함께 할 수 있도록 하여 분리불안을 감소시키면서 천천히 적응하게 하는 것이 바람직하다. 또한 등원 시 영아의 건강, 배변, 투약 여부 및 정도 등의 정보를 교환하는 것도 잊지 말아야 한다.

실습생 Tip

등원 시 영아가 부모와 헤어지기 불안해 하는 경우 부모님도 함께 교실에 들어와 영아가 안정감을 취할 수 있도록 돕는 것이 좋다. 하지만 기관에 따라서 등원 시부터 현관에서 부모님과 단호하게 인사하고 헤어지는 연습을 하는 경우도 있다.

(2) 실내 자유놀이 활동

만 1세 영아들의 놀이 활동은 개별적인 활동을 중심으로 이루어진다. 영아들의 놀이 영역은 주제에 따라 영아로 하여금 신체, 언어, 감각, 탐색, 역할, 쌓기 영역으로 구성하며 균형 있는 놀이 활동이 이루어지도록 제공해야 한다. 또한 실내 놀이 활동 시에 각 영역별 놀이를 조금씩 점차적으로 늘려 나가는 것이 좋다. 각 영역으로 새로운 교구를 비치할 때, 반드시 교구 시범 활동을 하고 난 다음 교구장에 비치하도록 한다. 교구 활동을 먼저 한 것과 하지 않는 것의 차이는, 기본 생활 습관 형성을 하는데 있어서 큰 차이가 있다. 특히 영아들이 교구를 가지고 활동 할 수 있는 방법을 알아야 정리 정돈을 하는데 유용하며, 기본 생활 습관으로 자리잡을 수 있기 때문이다.

> **실습생 Tip**
> 대체적으로 영아들은 혼자놀이 중심으로 자유놀이를 진행한다. 또한 한 영역에서 오랜 시간 동안 놀이하지 못하고 이리 저리 배회하는 경우도 있다. 이때 실습생이 영역 안에 들어가 영아들과 함께 놀이를 하는 것도 좋다.

(3) 간식 및 점심

만 1세 영아들은 혼자 스스로 숟가락을 이용하여 먹게 된다. 스스로 음식을 먹을 때 음식물을 흘리는 경우가 있다. 이때 음식을 흘리더라도 영아 스스로 흘린 음식물은 직접 손으로 탐색할 수 있도록 배려한다. 영아들은 쉽게 식욕이 변하기 때문에 적절한 양을 주어 음식에 대한 호기심을 갖게 하는 것도 영아들의 식생활 습관 형성에 중요하다.

실습생 Tip

점심 및 간식은 개인차에 따라 스스로 먹는 영아도 있고 교사의 도움이 필요한 영아도 있다. 스스로 먹는 영아들의 경우 칭찬과 격려를 해 주며 교사의 도움이 필요한 영아들은 교사가 숟가락에 밥을 담아서 숟가락을 영아의 손에 쥐어 주어 스스로 입에 넣을 수 있도록 지도한다.

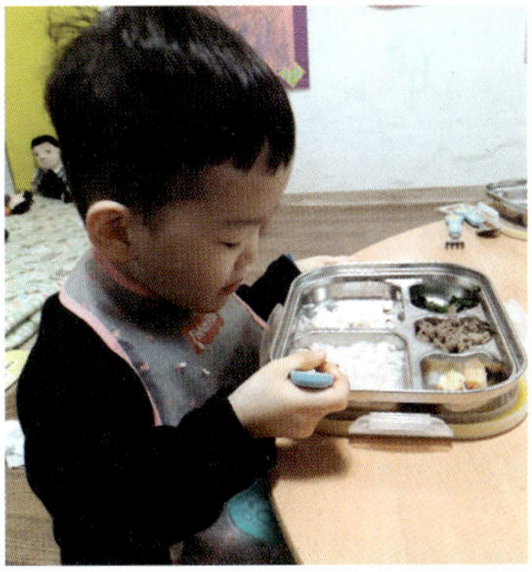

(4) 낮잠 및 휴식

만 1세 영아들은 1일 1회 2시간~2시간 30정도의 낮잠을 잔다. 충분한 낮잠 시간이 꼭 필요한 영아에게는 다른 영아보다 더 오랜 시간 낮잠 및 휴식을 취하도록 배려해야 하지만, 반대로 낮잠을 필요로 하지 않는 영아에게 낮잠을 강요해서는 안 된다. 1세의 낮잠 및 휴식은 개별 영유아의 체질 및 생활 리듬이나 수면 습관을 잘 알고 개별적인 배려를 통해 융통성 있게 적용해야 한다.

(5) 화장실 다녀오기 및 양치질하기

화장실에서의 손 씻기 및 양치질하기 또는 대소변 보기 활동은 기본 생활 습관 형성에 매우 중요한 교육적 가치가 있는 일상생활 활동이라 할 수 있다. 음식 먹기 전후, 실외 놀이 전후, 귀가 전 등에 손 씻기 및 양치질을 하도록 한다. 배변 훈련이 시작되면서 만 1세 영아들은 옷을 자주 갈아입게 된다. 옷을 갈아입힐 때에는 신체 명칭이나 옷 입는 방법에 대한 이야기를 나누며 자조 기술이 증진되도록 상호작용을 해 준다. 양치질은 영아 스스로 할 수 있도록 하며, 한 명 한 명에게 안내해 바른 양치질을 할 수 있도록 지도한다.

실습생 Tip

화장실에서 영아들은 스스로 손 씻기가 가능하다. 하지만 그 완성도는 미숙하다. 실습생은 영아들이 화장실을 갈 때 항상 같이 가서 손 씻기를 깔끔하게 하도록 뒷마무리를 돕는다. 양치질은 영아 스스로 하고 난 후 교사가 다시 한번 뒷마무리를 해 준다.

(6) 실외 활동

실외 활동은 매일 1회 이상 계획하여 진행해야 한다. 실내에서 어려운 활동들을 실외에서 경험하도록 다양한 실외 활동을 계획하여 제공해야 한다. 주변을 둘러보고 오감을 활용하여 활동을 탐색해 보도록 한다. 또한 영아들은 자연 속에서 움직이는 것에 대한 관심이 높기 때문에 생명과 자연에 관심을 가질 수 있도록 교육의 기회를 제공해 주어야 한다. 실외 활동 시 중요한 부분이 영아들의 안전이다. 안전을 예방하기 위해서 실외 활동을 하기 전 영아들과 약속을 정하고 실외 활동을 계획하는 것이 바람직하다.

실습생 Tip

영아들의 활동이 빨라지는 시기이므로 실외 활동 시 안전에 만전을 기해야 한다. 도보로 산책을 나갈 때는 영아들끼리 함께 손을 잡고 천천히 걸어 다닐 수 있도록 하며 항상 길가의 차가 다니는 방향에는 교사가 서도록 하여 영아들을 보호해야 한다.

(7) 귀가 지도

영아의 개인 소지품(젖은 옷, 알림장 등)을 집에 가져갈 수 있도록 정리하고 영아의 건강 상태를 살핀 후 부모에게 인계한다. 하루 일과 중 부모에게 알림장을 통해 전달하기 어려운 일들은 직접 부모에게 전달하는 것이 좋다.

실습생 Tip
영아가 신발을 스스로 신을 수 있도록 지도한다. 개인차로 인하여 신발 신기를 어려워 할 경우 한쪽만 교사가 도와 주고 다른 한쪽은 영아 스스로 해 볼 수 있도록 기회를 제공해 준다.

3) 만 2세 반의 일과 운영

만 2세 영아들은 1세 때보다 좀 더 세련된 신체 활동 및 언어가 발달되어 독립적인 자율성의 욕구가 매우 강하게 나타난다. 이러한 2세 영아는 더욱 다양하고 구체적인 환경을 구성해 주어야 하며 일상생활은 스스로 할 수 있도록 지도해야 한다. 신체 활동이 왕성한 시기이므로 충분히 움직일 수 있도록 기회를 제공하되 끊임없이 움직이고 재빠르기 때문에 특히 안전에 주의해야 한다.

(1) 등원

만 2세 영아를 맞이할 때는 영아의 기분 상태, 신체적 변화 또는 관심사에 대해 구체적으로 말해 주며 맞이한다(예: 오늘 ㅇㅇ이가 예쁜 분홍 머리띠를 하고 왔네요, ㅇㅇ이가 좋아하는 분홍색이네요). 그러나 영아가 부모님과 떨어지기를 힘들어 할 경우 놀이 활동을 소개시켜 주며 부모와의 분리 불안을 감소시키고 교사에게 자연스럽게 전이되도록 한다.

만 2세의 영아는 자조 기술이 발달되는 시기이므로 등원 시 스스로 자기의 신발을 신발장에 넣고 개인 소지품 등(가방, 옷 등)을 개인 사물함에 넣을 수 있다. 혹시 그렇지 못한 경우라 할지라도 교사가 지도를 해 주면 충분히 해낼 수 있다.

실습생 Tip

영아가 부모와 헤어질 때 현관 앞에서 바르게 인사할 수 있도록 하며 스스로 신발 및 가방, 소지품 등을 사물함에 정리할 수 있도록 지도한다. 2세 영아들은 언어 전달이 가능하므로 부모님들이 영아들을 통해 교사에게 정보를 전달하는 경우가 있다. 영아들이 등원 시 전달하는 언어는 교사가 반드시 관심을 가지고 확인하도록 한다.

(2) 실내 자유놀이 활동

실내 자유놀이 시간에는 영아의 모방놀이 및 탐색놀이가 왕성하게 이루어진다. 이때 영아들끼리 충돌 및 갈등이 발생하기도 한다. 교사는 교실 내 영역별 환경을 충분히 고려하여 영아들의 놀잇감 종류를 충분히 지원해 줌으로써 충돌을 예방하고 영아들끼리 사회적 기술을 도모할 수 있도록 해야 하며, 교사와 영아, 영아와 영아, 영아와 교구 간의 상호작용을 긍정적으로 지원해 줌으로써 사회적, 정서적, 언어적 발달이 모두 통합적으로 이루어지는 시간이 되도록 해야 한다.

실습생 Tip

영아들의 움직임이 증가하면서 흥미 영역 안에서 활발하게 활동을 하게 된다. 실습생은 관찰을 통해 놀이를 활발하게 진행하는 영아들을 집중하여 관찰할 수 있다. 하지만 비활동적인 영아들의 관찰도 관심을 가지고 지속적으로 이루어져야 한다.

(3) 간식 및 점심

만 2세 영아들은 식생활 습관이 형성되는 시기이다. 스스로 식기구들을 활용하여 먹으려고 시도하고 정리하고자 하지만 그 완성도가 미숙할 수 있다. 또한 음식물(예: 육류) 씹기를 어려워하거나 입안에 담고 있는 경우가 있다. 영아들의 개별적인 식습관을 잘 알고 음식의 영양소, 음식량, 크기, 조리법을 고려하여 식사 기술을 익힐 수 있도록 지도하며 최대한 안정된 분위기 속에서 정해진 자리에서 즐겁게 음식을 섭취할 수 있도록 경험을 제공해야 한다.

실습생 Tip

편식하는 영아들의 경우 음식 먹는 것에 두려움을 갖는 경우도 있다. 같은 연령이라고 같은 양을 주기보다는 개인차를 고려하여 배식하고 편식하는 음식은 적은 양에서 점진적으로 늘려 가는 방법도 효과적이다.

(4) 낮잠 및 휴식

만 2세 영아들은 1일 1회 1시간 30분~2시간 정도의 낮잠을 잔다. 개별적인 생리적 욕구를 충분히 고려하여 낮잠을 자는 영아와 낮잠을 자기 어려워하는 영아들을 구분하여 최대한 개별적인 욕구를 배려해 주어야 한다. 만 2세 영아들은 스스로 이불 침구를 가져와서 펴고 눕고 일어나서 정리하는 것도 활동이 가능하다. 하지만 활동의 완성도는 아직 미숙하다. 교사는 영아들이 스스로 자기 침구와 옷 등을 정리해 보도록 지도한다.

(5) 화장실 다녀오기

만 2세가 되면 대부분의 영아들의 대변 가리기가 가능하다. 하지만 개인차에 따라 실수를 하는 영아가 있을 수 있고, 아직 대소변 가리기가 안 되는 영아도 있을 수 있다. 영아들이 실수할 때 자존감을 상실하지 않도록 교사는 수용적인 태도를 보인다. 영아들이 대소변을 본 후 반드시 스스로 손 씻기를 습관화할 수 있도록 지도해야 하다. 영아들이 손 씻기를 할 때 옷이 종종 젖는 경우가 있는데, 이때 교사는 옆에서 지속적으로 손 씻기를 성공적으로 할 수 있도록 지도한다.

실습생 Tip

영아들은 스스로 대소변을 가릴 수 있다. 하지만 실내 자유놀이 중에 대소변을 실수하는 영아들도 가끔 있다. 시간을 정하여 화장실을 다녀오게 함으로써 옷에 실수하는 횟수를 줄일 수 있다. 또한 영아들의 다리를 꼬는 행동 등을 보면서 대소변의 신호를 읽을 수 있어야 한다.

(6) 실외 활동

만 2세가 되면 신체 활동이 매우 왕성하고 실내보다 실외 활동을 더 선호하기 때문에 좀 더 확장된 실외 활동을 매일 1회 이상 계획하여 진행한다. 또래 간의 병행놀이 및 주변의 식물 관찰하기, 어린이집 주변 산책하기, 놀이터에서 놀이하기 등의 활동이 가능하며 날씨, 환경 오염 정도(미세 먼지, 황사 등)를 반영하여 대체 프로그램을 반드시 계획해야 한다. 실외 활동 시에는 안전이 매우 중요한데, 활동하고자 하는 장소를 미리 파악하여 안전사고를 예방하며 물, 휴지, 돗자리, 비상 약품 등을 준비하여 휴대한다.

실습생 Tip

만 2세가 되면 활동량이 왕성해진다. 영아의 실외 활동은 안전이 제일 우선이다. 실습생은 사전에 지도 교사에게 영아들의 정보를 받아 지시한 내용들을 잘 숙지하여 영아들이 실외 활동을 하며 즐거움을 만끽할 수 있도록 돕는다.

(7) 귀가 지도

만 2세가 되면 서로 또래들 간의 상호작용 및 활동들이 활발하게 이루어지기 때문에 또래들과 인사를 나누며 귀가할 수 있도록 돕는다. 또한 부모에게 하루 일과 중 또래들과 있었던 일들을 전달하며, 반대로 가정에서 있었던 일들을 공유하는 등 가정과의 협력 관계를 유지할 수 있도록 한다. 귀가 시 개인 소지품은 다른 영아들과 바뀌지 않도록 잘 체크하여 귀가할 수 있도록 한다.

실습생 Tip

영아들은 언어 전달이 잘 이루어지기 때문에 귀가 시 교사가 하루 일과 정보를 부모에게 전달하기에 앞서 영아가 미리 전달하는 경우가 있다. 교사는 영아가 전달하는 내용에 대해 칭찬을 해 준다. 또한 다르게 전달할 경우에는 교사가 다시 한번 질문을 하여 영아 스스로 수정하여 전달할 수 있도록 한다.

3. 유아반의 일과 운영

취학 전 만 3세부터 만 5세까지를 유아라고 한다. 영아반과 유사하게 이루어지지만 영아반보다는 활동 시간 및 활동량이 많아진다. 유아의 특징은 자기 중심적이지만 대부분 영유아교육기관에 익숙해지는 시기이다. 유아들은 또래와의 놀이에서 연합놀이 및 협동놀이도 가능하며 표현력과 의사소통 등이 다양해지며 유능해진다. 따라서 개별 활동 중심보다는 다양한 영역을 구성해 줌으로써 유아가 활동을 주도적으로 계획하고 진행하도록 도와준다. 또한 안전도 중요하지만 교육적인 차원에서 자극과 동기 부여가 필요한 시기이므로 하루 일과 운영 시 모든 영역 활동이 통합적으로 이루어지도록 하며, 하루 일과를 스스로 계획하고 실행하며 평가할 수 있도록 하는 것이 중요하다.

유아반 하루 일과 운영의 예시

시간	일과	활동 내용
7:30 ~ 9:50	등원 및 통합 보육 (자유놀이)	• 밝은 미소로 반갑게 영아를 맞이하며 인사 나누기 • 보호자와 영아의 기분, 건강 등에 관해 이야기 나누기 • 등원하는 순서대로 자유롭게 선택놀이하기
	아침 인사 나누기	• 영아들의 소지품을 확인, 정리하기 • 심신의 긴장을 풀 수 있도록 하기 • 일일보고서 확인 및 출결석 확인하기
	정리 정돈 및 손 씻기	• 놀잇감 제자리에 정리하기 • 화장실 다녀오기, 손 씻기
9:50 ~ 10:20	오전 간식	• 오전 간식에 대한 이야기 나누기 및 먹기
10:20 ~ 12:00	실내 자유선택 활동	• 교사가 준비한 놀이 활동을 하거나 유아가 영역별 자유놀이 중 자신의 흥미와 능력에 맞는 놀이를 스스로 선택하여 활동하기 • 선택한 영역에서 개별적으로 또는 또래와의 접촉, 교사와 적절히 상호작용을 하며 놀이하기

시간	일과	활동 내용
10:20 ~ 12:00	정리 정돈	• 놀잇감 제자리에 정리하기 • 화장실 다녀오기, 손 씻기
	대·소그룹 활동	• 주제와 관련된 이야기 나누기, 게임, 음악 활동, 동화 듣기 등의 활동하기
	실외 자유놀이	• 날씨나 유아의 흥미에 따른 실외 놀이 활동 • 생태 유아교육 프로그램(산책, 바깥놀이, 텃밭, 세시풍속 프로그램 등) • 우천 시 실내 활동으로 대체
12:00 ~ 12:10	점심 준비	• 식사 전 화장실 다녀오기 및 손 씻기 • 안전한 급식 지도
12:10 ~ 13:00	점심 식사 및 양치질 지도	• 식사 예절 이야기 나누기 / 숟가락과 포크를 사용하여 스스로 골고루 먹기 • 스스로 양치질하기 / 식사 후 휴식, 조용한 놀이하기
13:00 ~ 13:40	실내 자유놀이	• 실내 자유놀이 선택 활동(대근육 활동 및 신체 활동) • 신체 활동 – 요가 / 체력 관리 프로그램 – 훌라후프놀이
13:40 ~ 14:50	낮잠 준비 및 낮잠	• 낮잠 자기 전 손 씻기와 화장실 다녀오기 • 낮잠 준비를 하고 조용한 음악이나 자장가를 들려주기 • 먼저 잠에서 깬 영아들은 휴식 취하기
	개인 침구 정리 정돈	• 낮잠 깰 때 듣는 음악을 들으며 낮잠 깨기 • 간단한 스트레칭하기 / 영아와 함께 침구 정리하기 • 화장실 다녀오기 및 손 씻기
14:50 ~ 15:20	오후 간식	• 오후 간식에 대한 이야기 나누기 후 간식 먹기 • 간식을 먹은 후 제자리 정리하기 및 화장실 다녀오기
15:20 ~ 15:50	특별 활동	• 특기 교육 활동
15:50 ~ 17:20	하루 일과 회상하기	• 하루 일과 회상하기 및 평가하기 • 귀가 지도 준비하기(소지품 챙기기, 머리 빗기, 옷 입기)
17:20 ~ 17:30	실내 자유선택 활동	• 실내 자유선택 활동 – 오전 실내 자유놀이 확장 활동
17:30 ~ 19:30	통합 보육(자유놀이) 및 개별 귀가 지도	• 통합 보육(자유놀이)을 하면서 개별 귀가 지도

1) 등원하기

유아들을 맞이하는 것은 하루 일과의 시작이다. 등원 시 제일 먼저 하는 것이 인사이다. 교사가 먼저 시범을 보여서 유아들이 자연스럽게 배우도록 한다. 그 다음 유아의 표정, 기분 상태, 건강 상태, 복장, 머리, 신발 등을 살펴봐야 한다. 특히 얼굴 등에 상처가 있는지 확인해 보고 면밀히 체크해야 한다. 그리고 상처가 있다면 바로 부모님께 전달해야 한다. 그리고 유아들에게 어제와 바뀐 모습이 있다면 구체적으로 칭찬을 해 주어야 한다. 예를 들어 '예쁘구나!' 보다는 '어머! 노란 나비 머리핀이 참 예쁘구나!' 등 구체적으로 더 세밀하게 수식어를 붙여서 칭찬을 한다. 기분 좋게 하루를 시작할 수 있도록 작은 일에도 긍정적인 방법으로 반응해 준다. 부모님의 전달 사항을 기록하고 유아가 옷, 신발, 가방, 소지품 등을 정리하도록 지도한다.

실습생 Tip
등원하는 유아들과 인사를 나누고 난 다음, 유아들의 가방 속을 확인하고 겉옷, 양말, 소지품 등을 잘 정리할 수 있도록 격려한다. 귀가할 때 물건이 서로 바뀌지 않도록 하는 것이 중요하다.

2) 투약 및 질병 관리

(1) 투약

영유아교육기관에서는 투약 의뢰서와 투약 보고서를 비치해야 하며 부모는 투약 의뢰서를 작성하고 교사는 투약 후 보고서를 작성한다. 투약은 시간과 분량과 횟수를 정확히 확인한 후 투약하는 것이 중요하다. 투약의 종류에 따라 냉장 보관을 해야 하는 것이 있을 수 있는데, 이는 반드시 잊지 않도록 해야 한다. 약병이나 봉투에 유아의 이름이 없으면 즉시 기재하여 약이 바뀌지 않도록 주의한다.

실습생 Tip
환절기에 약을 투약하는 유아들이 많을 경우, 지도 교사를 도와서 실수를 하지 않도록 한다. 투약 시간, 분량, 횟수를 정확히 지켜서 투약할 수 있도록 신경을 써야 한다.

(2) 체온 측정

유아들이 환절기 또는 유행성 감기가 성행할 때면 열이 나는 경우가 많다. 이때 체온 측정은 필수이며, 부모에게 연락하여 유아의 건강 상태를 알려 주는 것이 바람직하다.

실습생 Tip
실습생이 체온 측정 시 시간과 체온 등을 정확히 기록해 두어야 한다. 그리고 체온은 2회 이상 측정한다. 기록한 내용을 지도 교사에게 전달하도록 한다.

(3) 상처 관리

영유아교육기관에서 일어난 안전사고의 경우, 반드시 전문기관의 진료를 받는 것이 바람직하다. 전문기관의 진료를 받기 전, 부모님에게 먼저 안전사고의 경위를 전달한 후 응급 처치 동의서에 따라 의료기관을 선택하여 진료할 수 있도록 한다. 아무리 가벼운 상처라고 해도 전문가의 진료를 받는 것이 바람직하다.

실습생 Tip

유아들은 지도 교사의 잠깐의 부재 시에도 상처가 나는 경우가 있다. 상처의 흔적이 아주 경미하다고 해도 이는 반드시 지도 교사에게 알려야 한다. 조그만 일이라도 일어난 모든 일들을 지도 교사에게 알려, 앞으로 발생할 수 있는 일에 대처할 수 있도록 한다.

3) 자유선택 활동

(1) 언어 활동

언어 영역에는 말하기, 듣기, 읽기, 쓰기 4가지 요소를 다양하게 준비해 주는 것이 바람직하다. 이야기 나누기, 역할극, 동극, 동화, 동시 등이 포함된다. 따라서 언어 영역의 교구는 그림책, 읽기 자료, 이야기 꾸미기 자료, 게임 자료, 녹음 자료, 쓰기 자료 등을 제공한다. 교구는 주제에 맞추어 선별해서 비치하는 것이 중요하다.

실습생 Tip

유아들의 관찰은 매우 중요하다. 유아들이 활동할 때 개입을 해서는 안 되고 유아들의 활동을 방해해서도 안 된다. 그리고 관찰은 유아들이 인식하지 않도록 진행한다. 왜냐하면 관찰을 기록하는 모습을 볼 때 유아들은 '선생님 뭐 적어요?' 라고 하면서 놀이에 집중하기보다는 교사를 의식하면서 놀이를 하기 때문이다. 또한 혹시라도 언어 영역에 도움이 되는 교구나 새로운 자료들이 있으면 지도 교사와 상의한 후 비치해 놓을 수 있다. 또한 실습생은 표준어를 사용해야 하며, 유아들이 이해할 수 있는 수준을 고려한 적절한 상호작용을 사용하는 것이 중요하다.

(2) 수·과학 활동

수·과학 활동은 수학 활동과 과학 활동 영역으로 나눌 수 있다. 우선 수학 활동을 위해 수 세기를 할 수 있는 모든 교구를 영역 내에 비치해 두고, 분류 패턴이 될 수 있는 것으로 길이, 넓이, 부피 등 주제와 연관하여 비치하는 것이 바람직하다.

또한 과학 영역은 실험, 관찰 등이 포함되는 단원과 계절에 맞추어 작물 키우기, 식물 키우기, 곤충 관찰하기 등 교실에서 할 수 있는 것을 비치하여 유아들에게 풍부한 수·과학 활동 환경을 마련해 준다.

실습생 Tip

수·과학 활동 영역에서 유아들의 단위 세기가 가끔씩 틀리는 경우가 있다. 예를 들어 배추세기를 할 때 유아가 "한 개, 두 개"라고 세고 있을 때 교사가 유아들이 놀이하는 공간 옆에서 "아! 배추는 한 포기, 두 포기, 이렇게 세는구나!"라고 자연스럽게 알려 주는 방법이 바람직하다.

(3) 쌓기 활동

여러 가지 모양, 크기, 색, 재질 등의 다양한 블록을 중심으로 쌓기 영역을 구성한다. 쌓기놀이는 유아들이 가장 선호하는 놀이이다. 쌓기놀이 영역에서 유아는 사회성과 기본 생활 습관을 배우게 된다. 또래 집단의 생활 속에서 규칙 지키기, 양보하기, 배려하기 등을 배우는 기회가 된다. 이때 교사의 개입보다는 유아가 스스로 문제를 해결해 나갈 수 있는 환경이 필요하다. 그렇다고 교사는 자유선택 활동 시간을 개인 시간으로 활용해서는 안 된다. 모든 유아들의 모습을 지켜보며 적절히 반응해 주어야 한다.

쌓기놀이 영역은 활동적이며 넓은 공간이 필요하고 역할놀이 영역과 인접하여 배치하면 놀이가 더 활발히 이루어질 수 있다.

실습생 Tip

실습생은 지도 교사의 개입이 언제인지 잘 관찰하여야 한다. 흥미 영역에서 교사의 역할은 중요하기 때문이다. 유아들의 놀이를 더 확장해 주기 위해 흥미 영역의 위치를 조금씩 바꾸어 주는 것도 좋은 방법이다.

(4) 역할 활동

역할놀이 영역은 단순한 가상놀이부터 복잡한 사회극놀이까지 모두 이루어지는 활동적인 공간이다. 역할놀이 영역은 유아들이 선호하는 영역이며 쌓기놀이 영역과 인접하며 배치하면 놀이가 더욱 활발하게 이루어진다. 역할놀이 영역에는 주제와 관련된 역할놀이 자료와 소품을 비치해 주어 놀이를 확장시킨다. 역할놀이 영역에서 다양한 직업과 사회 구성원의 역할을 경험해 보게 한다. 병원놀이, 가게놀이, 미용실놀이, 소방관놀이 등을 통해 다양한 역할을 표현해 보고 경험해 볼 수 있다.

실습생 Tip

실습생은 지도 교사를 잘 관찰하여야 한다. 유아들의 놀이 중 지도 교사의 개입이 언제인지 잘 파악해야 한다. 교사가 유아들의 놀이 중간에 개입하는 것은 동기 부여가 되어 확장되기도 하지만 놀이에 방해가 될 수도 있기 때문이다.

(5) 미술 활동

미술 영역은 유아들이 상상력과 창의성을 발휘할 수 있는 공간이다. 유아들이 매우 선호하는 영역이기도 하다. 이때 유아들이 마음껏 표현하도록 하는 것이 중요하다. 재료는 그릴 수 있는 것 모두, 종이는 꼭 종이가 아니더라도 표현할 수 있는 모든 것들이 다 포함된다. 자연물이 될 수도 있고, 폐품, 종이류, 골판지, 물감, 색연필, 연필, 사인펜 등 쓸 수 있는 것들은 모두 포함된다. 그림을 그릴 때는 유아들이 충분히 표현할 수 있도록 해 주며 혹시라도 교사가 개입하고 싶으면 '무엇을 더 그려 볼까?', '여기에 무엇이 있는지 궁금하구나?'라고 표현해 준다. 만약 공간이 많이 비어 있는데 그만 그리겠다고 한다면 유아의 말을 들어준다. 이때 교사가 글로 메모를 써 그림에 붙여 주면, 그림의 완성도를 높일 수 있다. 교사의 개입이 어느 시점에서 이루어지는지가 중요하며, 방법적인 면에서 어떻게 하는지도 유아의 상상력과 창의성 발달에 영향을 주기 때문에 매우 중요하다.

실습생 Tip

미술 활동을 할 때 유아들이 마음껏 자유롭게 표현할 수 있도록 해 준다. 실습생은 '아이~ 이러면 옷 버리잖아', '이렇게 그림을 그리면 안 돼' 등의 어휘를 사용하거나 상호작용은 금물이다. 유아들이 자유롭게 표현할 수 있도록 격려하고, 안전에 유의하도록 지원해 주는 것이 좋다.

(6) 음률 활동

음률 영역에는 종류별 악기, 소리 나는 것, 카세트, 음악 CD, 이어폰 등을 비치해 주며, 이 영역에서 음악 감상을 할 수 있도록 하는 것도 좋다. 또한 여러 가지 악기의 그림 카드를 만들어서 비치해 주어 악기의 이름 등의 간접 경험을 하게 해 주는 것도 좋은 방법이다. 음률 영역은 즐거움을 줄 수 있는 공간이어야 하는데, 유아들은 이 공간에서 위험하게 놀이를 하는 경우도 있다. 예를 들어 심하게 두드릴 경우, 그 유아를 관찰하다가 눈이 마주치면 "소리가 너무 시끄러워서 다른 친구들에게 방해가 되네."라고 표현해 주는 것이 좋은 방법이다. 이러한 표현을 통해 행동이 수정되었을 경우에는 반드시 칭찬을 해 주어야 한다.

실습생 Tip

놀이 시에는 안전사고에 대한 대비를 꼭 해야 한다. 이를 위해 전체적인 놀이 상황을 관찰할 수 있어야 한다. 어느 한 유아에게만 집중을 한다면 그것이 안전사고로 이어질 수 있기 때문이다.

4) 정리 정돈 및 전이 활동

기본 생활 습관 중의 하나로서 정리 정돈의 습관 형성은 매우 중요하다. 한 가지의 교구를 가지고 활동을 하다가 다른 교구로 이동하는 유아들이 있다. 이럴 때 유아들에게 활동했던 교구를 제자리에 정리함으로써 다른 친구가 가지고 놀 수 있도록 배려해 주어야 한다는 것을 알려 준다. 유아들의 정리하는 습관을 형성하기 위해서는 반복적, 지속적인 지도가 이루어져야 한다. 유아들이 정리하는 습관을 형성할 수 있도록 하는 것은 교사의 역할이다.

실습생 Tip

정리 정돈은 습관이 중요하기 때문에 유아들이 스스로 정리할 수 있도록 칭찬과 격려를 한다. 실습생이 전담으로 정리를 하는 경우도 있다. 실습생이 계속적으로 정리해 준다면 유아들이 정리하는 습관을 형성하지 못할 수도 있다. 그렇기 때문에 잘 정리하는 유아가 있다면 그 유아를 칭찬해 주면서 다른 유아들도 함께 정리에 참여할 수 있도록 분위기를 조성한다.

5) 화장실 다녀오기 및 손 씻기

유아들은 화장실을 특별한 공간으로 생각한다. 왜냐하면 나만의 공간으로 잠시 머무르다가 가는 곳이기도 하지만 혼자 있기를 좋아하는 경우도 있다. 그 공간에서 배려와 양보, 규칙을 모두 배워야 하는데 이것이 되지 않는 경우, 안전사고로 연결될 수도 있다. 예를 들어 닫힌 공간이기 때문에 성적인 문제, 물장난 등으로 인해 다른 유아의 옷까지 젖게 할 수 있고, 비누 사용으로 인해 바닥의 미끄러움 등이 발생하여 안전사고로 이어지는 경우도 있다. 그래서 약속과 규칙을 정하고 유아들 간에 서로 배려하고 양보할 수 있도록 지도한다. 교사는 아이들이 화장실에 있는 시간이 평소보다 조금 더 길어질 경우, 반드시 확인을 해야 한다.

실습생 Tip
실습생은 유아들이 화장실을 이용할 때 차례를 지킬 수 있도록 지도하고, 소매를 걷어 주고, 손을 씻고 나온 유아들의 손을 닦아 준다든지, 유아들의 자리를 정돈하는 것 등 지도 교사를 도와주는 역할을 한다.

6) 대소집단 활동

(1) 대집단 활동

하루 일과에서 주제를 가지고 활동하는 시간이 대집단 활동이다. 이때 집단 활동의 내용을 고려하여 대형으로 앉게 하는 것이 집중도를 높일 수 있다. 그것은 교사와 유아들의 상호작용이 중요하기 때문이다.

우선 대그룹으로 앉아 있는 유아들에게 집중하며 교사는 목소리의 강약, 몸짓 그리고 구체물의 수업 자료 등을 보여 준다. 이러한 시청각 교구를 통해 유아들의 집중도를 높인다면 흥미 영역에 흩어져 있던 유아들은 스스로 자리에 와서 앉게 된다. 대그룹 활동 중에 가장 대표적인 것은 이야기 나누기이다. 이야기 나누기 시간은 그날 하루의 핵심이며, 그것을 중심으로 하루의 활동이 이어져야 한다. 그 이야기의 주제와 관련 없는 활동을 하는 교사도 있는데 이것은 통합적인 교과 활동이 아니다. 오늘 하루 유아들에게 무엇을 전달할 것인지 그 목표를 분명히 두고 주제 내용에 맞게 대그룹 활동으로 이야기 나누기 시간이 이루어져야 한다. 물론 상황 중심의 교육이 있을 수도 있지만, 그 역시도 이야기의 처음과 끝은 일관성과 통일성이 있어야 한다.

실습생 Tip

실습생은 대집단 활동 시 지도 교사의 시야에서 정중앙에 앉지 않고 대각선 방향으로 양쪽 사이드 쪽에 앉도록 한다. 왜냐하면 실습생 때문에 지도 교사가 수업에 방해가 될 수 있기 때문이다. 특히 메모를 할 때는 상황을 파악해 가면서 해야 하고, 활동을 방해하는 유아가 있더라도 지도 교사의 지시에 따라 도움을 주어 지도 교사의 활동에 방해가 되지 않도록 한다.

(2) 소집단 활동

소집단 활동은 분반을 하여 유아들과 함께하는 활동이다. 이때 교사는 하루의 일과 중 대집단 활동의 이야기 나누기를 중심으로 연계성을 가지고 소집단 활동을 이끌어 가야 한다. 하루 일과의 계획과 전혀 상관없는 활동을 하는 경우가 있는데, 소집단 활동은 반드시 이야기 나누기를 중심으로 모든 활동이 하루 일과 중에서 도입과 전개, 결말로 이어지도록 해야 한다. 그래서 하루의 일과 프로그램이 서로 연관성과 일관성이 있어야 한다.

실습생 Tip

소집단 활동은 실습생의 도움을 필요로 하는 일이 많다. 지도 교사를 도와서 도움을 줄 수 있도록 해야 한다.

7) 간식 및 점심

(1) 식사 전

배식을 받기 전에 청결에 중점을 두어 위생적인 면을 고려하여야 한다. 특히 손을 깨끗이 씻는다. 유아들이 배식 중에는 가만히 앉아서 순서를 기다리게 한다. 혹시 배식 중에 음식물을 엎지를 수도 있기 때문이다.

실습생 Tip
유아들이 음식물을 엎지르는 것에 주의를 해야 하며, 한 유아를 보기보다는 전체적으로 유아들을 볼 수 있도록 노력하여야 한다.

(2) 식사 중

유아들이 큰 소리로 이야기하지 않도록 하며 음식은 제자리에서 먹도록 지도한다. 또한 음식을 배식할 때 처음부터 많은 양을 주기보다는 적은 양을 줌으로써 성취감을 경험하도록 해야 한다.

실습생 Tip
실습생도 유아들과 함께 식사를 하면서 유아들의 식습관을 지도하고, 도움이 필요한 유아가 있는지 살펴야 한다. 유아들과 함께 식사를 빨리 할 수 있도록 한다.

(3) 식사 후

유아들이 식사 후 주변을 스스로 치우며 그릇을 정리 정돈할 수 있도록 한다.

실습생 Tip
잔반이 나올 경우 어느 한 통에 잔반을 모으는 것과 도시락 정리 등 유아들이 스스로 식사한 자리를 정리하도록 지도한다.

(4) 양치질하기

유아들은 점심을 먹은 후 양치질을 하는데 기본 생활 습관이 필요한 부분이다. 처음부터 유아들이 순서를 잘 지키고 질서 있게 행동하도록 지도해야 한다. 양치질은 윗니 아랫니 골고루 깨끗이 닦는다. 칫솔과 양치 컵 등은 제자리에 정리 정돈하도록 한다. 한 유아가 양치질을 마치고 나오면 다른 유아가 들어갈 수 있도록 배려하는 약속이 필요하다. 왜냐하면 한꺼번에 들어가서 물장난과 함께 옷을 버리는 경우가 있기 때문이다. 교사가 유아들이 약속을 지킬 수 있도록 반복적인 상호작용을 통해서 습관이 형성 될 수 있도록 한다.

실습생 Tip

유아들은 양치질을 할 때 소매 부분이 물에 젖는 경우가 있다. 소매 부분은 걷어 주고, 치약은 묻혀 주는 등의 도움을 준다. 그리고 화장실에 한꺼번에 들어가지 않도록 지도한다.

(5) 손 씻기 및 화장실 다녀오기

잠자기 전에 화장실을 꼭 다녀오게 한다. 또한 모든 활동이 끝나고 나서 손 씻기는 매우 중요하다. 특히 손을 입으로 가져가는 유아들이 있는데 이것은 위생과 청결에 직접적으로 문제가 될 수 있다. 우선 유아들의 손 씻기는 대그룹 시간에 역할극으로 연습해 본 다음, 실제 손 씻기로 이어 가면 훨씬 더 효과적인 방법이 될 수 있다. 유아들과 손을 씻을 때, 물의 소중함에 대한 내용으로 서로 토의를 하는 것도 물을 아껴 쓰는 하나의 방법이 될 수 있다. 또한 손을 씻을 때 줄서기 등 규칙을 정해서 차례를 지키도록 지도한다.

실습생 Tip

물장난을 치게 되면 다른 친구들에게 피해를 줄 수 있으므로, 이런 부분들에 대해 상호작용을 해 주고, 화장실 사용이 끝난 경우는 바로 나올 수 있도록 지도한다. 다른 친구들이 기다리고 있다는 것을 가르쳐 주도록 한다.

8) 낮잠 및 휴식

교사는 조용한 음악을 들려주면서 잠을 잘 수 있는 환경을 만들어 준다. 환경이 너무 밝으면 수면에 방해가 되므로, 커튼 등으로 어두운 환경을 만들어 주어 편안한 휴식을 취할 수 있게 해 준다.

혹시 낮잠을 자려고 하지 않는 유아가 있을 때는 흥미 영역에서 조용히 놀이를 하거나 도서 영역에서 책 읽기를 할 수 있도록 배려해 준다.

실습생 Tip

낮잠 시간에는 자리 펴기, 음악 틀어 주기 등 지도 교사를 도와서 유아들에게 쾌적하고 편안한 잠자리를 제공할 수 있도록 지원한다.

9) 실외 활동

유아들에게 실외 활동은 필수인데, 1일 1시간 이상은 실외 활동을 하도록 하여야 한다. 실외에서의 안전사고가 일어나지 않도록 교사는 매순간 최선을 다해야 한다. 유아들은 실외 활동 시 흥분을 하는 경우가 있기 때문에 안전사고가 빈번하게 일어나기도 한다. 특히 교실에서의 기본 생활 습관이 어느 정도 잘 이루어지고 있는지는 실외 놀이에서의 안전사고 발생과 연관성이 있다. 그래서 교사는 유아들을 잘 관찰하면서 위험한 행동이 일어나지 않도록 살펴야 한다. 실외 놀이에 나가기 전 유아들과 미리 약속을 정하는 방법도 좋다. 유아들이 천천히 익숙해지면 자유롭게 놀 수 있도록 하는 것도 안전사고를 예방하는 방법이라 할 수 있다.

실습생 Tip

유아들이 다치지 않도록 안전에 신경을 쓰도록 한다. 이동 시에도 위험한 일이 일어나지 않도록 잘 관찰해야 한다. 지도 교사를 주시하면서 유아들의 행동을 세심히 관찰해야 한다.

10) 귀가 및 통합 보육

귀가 시에 유아들은 오늘 하루 일과 중에서 즐겁게 보낸 기억이 있는가에 따라서 내일의 등원하는 모습이 달라질 수 있다. 이것이 유아들의 특성이다. 그렇기 때문에 정말 재미있었던 기억을 떠올리며 행복하게 집으로 돌아갈 수 있도록 한다. 그리고 귀가할 때는 머리부터 발끝까지 잘 살펴서 가급적 깔끔하고 단정한 모습으로 귀가할 수 있도록 한다. 그리고 유아들의 하루 일과 중 일어났던 안전사고나 특별한 일들은 반드시 부모에게 미리 알리고 귀가할 수 있도록 한다.

실습생 Tip

유아들이 귀가할 때에는 깔끔하고 정돈된 모습으로 부모를 만나도록 해야 한다. 특히 얼굴, 손 등은 깨끗하게 씻기고 머리 모양, 옷매무새 등을 잘 확인하고, 특히 다툼이나 특이한 점 등을 발견했을 때는 부모에게 알려야 하니 지도 교사에게 세부 내용을 전달해야 한다.

4장
영유아 관찰 및 교사-영유아 상호작용 관찰

1. 영유아 관찰

보육실습생은 보육실습의 시작이 관찰이다. 특히 영유아의 관찰이 필수적인 부분이다. 실습 지도 교사는 실습생에게 영유아나 놀이 영역을 관찰해 볼 수 있는 기회를 제공하고, 실습생이 무엇을 어떻게 관찰해야 하는지 관찰 방법과 내용을 세심히 지도해야 한다.

보육실습생이 실습기관에서 영유아를 관찰할 때 유의할 사항은 다음과 같다.

- 다양한 상황과 장소에서 영유아 관찰을 실시한다.
- 일회성이 아닌 지속적인 관찰을 실시한다.
- 관찰 내용은 일정한 형식에 따라 일관성 있게 기록한다.

- 관찰자의 주관이나 편견이 개입되지 않도록 실제 일어난 상황을 객관적으로 기록한다.
- 관찰된 행동에 기초한 해석이나 평가는 관찰 내용 기록과 구분하여 기록한다.
- 보육의 일과 운영에 방해가 되지 않도록 보육 활동 중에는 교사에게 즉시 질문하지 않고 일과가 끝난 후에 질문한다.

실습생이 실습기관에서 영유아 관찰 시 중점적으로 살펴보아야 하는 내용은 다음과 같다.

▶ 영유아를 관찰할 때 중점적인 내용

- 영유아들이 자발적, 능동적 또는 수동적으로 놀이에 참여하는가?
- 영유아들이 선호하는 영역과 선호하지 않는 영역은 어디인가?
- 잘 가지고 노는 놀잇감은 무엇인가?
- 놀이가 오래 진행되지 않고 중간에 흐지부지 끝나지 않는가?
- 놀이하는 동안 놀이에 대한 아이디어를 자주 내고, 다른 친구의 놀이에도 관심을 가지며 서로 의견을 주고받는가?
- 활동에서 함께 정한 규칙 또는 기본적인 규칙을 지키는가?
- 사용하려고 하는 자료를 다른 친구가 사용하고 있을 때 물어보고 가져가는가?
- 새로운 의견이나 자신의 느낌을 놀이에서 적절히 표현하는가?
- 대소집단 활동 시 주의 집중 또는 산만함의 정도는 어떠한가?

출처: 한국보육진흥원(2017).

1) 일화 기록

일화 기록이란 관찰자가 중요하다고 생각되는 영유아의 행동이나 상황을 관찰한 후 그러한 사건을 있는 그대로 객관적이고 사실적으로 기록하는 방법이다(윤희경 외, 2011). 이러한 일화 기록은 자신이 본 상황이나 사건을 그대로 기술하는 것으로 가장 쉽고 간단하게 사용할 수 있기 때문에 보육실습생이 유용하게 활용할 수 있는 방법이라 할 수 있다. 일화 기록으로 아동의 행동을 관찰하고자 할 경우에는 다음과 같은 관찰 지침에 따른다(안선희 외, 2015).

▶일화 기록의 영유아 관찰 지침

- 영유아의 특별한 사건이나 행동을 중심으로 간결하게 기록한다.
- 한 가지 행동에 초점을 맞추어 기록한다.
- 사건이나 행동이 일어난 직후 기록한다.
- 사건이나 행동이 일어난 직후 기록하기 어려운 경우는 6하 원칙(언제, 어디서, 누가, 무엇을, 어떻게, 왜)에 따라 메모해 두었다가 작성한다.
- 영유아의 대화를 인용부호(“ ”)를 사용하여 그대로 기록한다.
- 객관적이며 사실적으로 기록한다.
- 필기도구와 관찰 기록 용지를 미리 준비한다.

출처: 안선희 외(2015).

2) 영유아 관찰 기록(일화 기록) 예시

<table>
<tr><th colspan="6">영유아 관찰 기록(일화 기록)</th></tr>
<tr><td rowspan="2">영유아 이름</td><td rowspan="2">ㅇㅇㅇ</td><td>연 령</td><td>만 3 세</td><td rowspan="2">관찰자</td><td rowspan="2">△△△</td></tr>
<tr><td>성 별</td><td>여</td></tr>
<tr><td>관 찰 일</td><td>2018. 3. 8.</td><td>관찰 시간</td><td colspan="3">정오 12:20~12:30 (10분)</td></tr>
<tr><td>누리과정</td><td colspan="5">점심 식사(신체 운동·건강)
신체 운동·건강 영역 〉 건강하게 생활하기 〉 바른 식생활하기 〉 몸에 좋은 음식을 알아보고 바른 태도로 식사하기</td></tr>
<tr><td>관찰 장면</td><td colspan="5">점심 식사 시간</td></tr>
<tr><td>기록</td><td colspan="5">점심 시간에 ㅇㅇ이가 반찬(콩나물 무침)만 열심히 먹고 있다. 반찬을 먹고서 옆에서 먹고 있는 ㅁㅁ에게 말을 한다. “ㅁㅁ이야! 나는 어제 엄마랑 같이 마트에 갔어!” ㅁㅁ이가 “그래? 나도 갔어.”라고 말을 한다. ㅇㅇ이는 다시 자리에서 일어나 교구장 앞으로 가더니 블록을 만지작거린다. 교사가 “ㅇㅇ이야 음식을 먹을 때는 돌아다니지 않고 자리에 예쁘게 앉아서 먹어요.”라고 말을 한다. ㅇㅇ이는 다시 자리에 돌아가 앉는다. 교사에게 ㅇㅇ이는 “선생님 이거 먹으면 튼튼해 져요?”라고 말한다. 교사가 “그래요. 이것 먹으면 튼튼해져요. 그리고 밥과 같이 골고루 먹으면 더 튼튼해져요.”라고 말한다. 젓가락을 사용하여 밥을 먹다가 밥을 흘린 후 교사에게 “선생님. 밥 흘렸어요.”라고 말한다. 교사가 “어떻게 해야 할까?”라고 말하자 “닦아야 해요?”라고 말하고 휴지를 가져와 밥을 닦았다. 자신의 자리로 스스로 돌아와 바르게 앉고 숟가락을 사용하여 밥을 먹기 시작한다. 교사가 “우와 ㅇㅇ아. 바르게 앉아서 숟가락으로 밥 먹는 거예요?”라고 말하자 ㅇㅇ이가 “네”라고 대답한다.</td></tr>
<tr><td>해석 및 평가</td><td colspan="5">ㅇㅇ이는 음식을 먹을 때 자리에 앉아서 먹는 것과 반찬과 밥을 골고루 먹는 것을 어려워 한다. ㅇㅇ이는 편식이 있으며 식생활 습관을 수정해 가는 과정 속에 있다. 젓가락을 이용하여 음식물을 섭취하기에 완성도가 미숙하나 교사에게 질문하며 식생활 습관을 수정하고자 하는 자조 기술이 있다. ㅇㅇ이에게는 몸에 좋은 음식에는 무엇이 있는지와 바른 태도로 식사를 할 수 있는 방법을 반복적으로 교육하는 것이 필요하다.</td></tr>
</table>

2. 교사-영유아 상호작용 관찰

보육교사와 영유아의 상호작용은 보육의 질을 결정하는 가장 중요한 요소이다. 실습생은 긍정적이고 수용적인 상호작용 능력을 갖추기 위해, 교사와 영유아의 바람직한 상호작용을 먼저 관찰할 필요가 있다(한국보육진흥원, 2017).

1) 교사-영유아 상호작용 관찰 시 유의 사항

실습생이 실습기관에서 교사-영유아의 상호작용을 관찰할 때 유의할 사항은 다음과 같다.

- 상호작용은 놀이 지도, 보육 활동 진행, 일상적 양육 활동 수행, 문제 행동 발생 때와 같은 다양한 상황에서 나타나므로 교사와 영유아의 상호작용을 지속적으로 관찰한다.
- 섣불리 개인적 판단을 하거나 해석을 하지 말고 객관적이고 사실적으로 교사와 영유아의 상호작용을 관찰한다.
- 교사와 영유아의 상호작용 내용에 대해 의문이 생길 경우, 일과가 끝난 후 교사에게 질문할 수 있다.

2) 교사-영유아 상호작용 관찰 지침

실습생이 교사-영유아의 상호작용을 관찰할 때 지침은 다음과 같다.

- 일과 시간대별로 교사와 영유아의 상호작용을 관찰한다.
- 관찰 내용은 일정한 형식에 따라 일관성 있게 기록한다.

- 관찰된 행동에 기초한 해석이나 평가는 관찰 내용의 기록과 구분하여 기록한다.
- 관찰자의 주관이나 편견이 개입되지 않도록 실제 일어난 상황을 객관적으로 기록한다.

3) 교사–영유아 상호작용 관찰 사항

실습생은 교사–영유아의 상호작용을 관찰할 때, 다음과 같은 사항에 집중하여 관찰한다.

▶교사–영유아의 상호작용 관찰 사항

- 영유아의 발달 수준이나 흥미에 적합하게 상호작용하는가?
- 영유아를 믿고 존중하며 영유아의 시도를 적극 수용하는가?
- 영유아의 일상 경험에 기초한 보육 내용을 통합적으로 운영하는가?
- 영유아의 요구와 질문에 경청하고 긍정적으로 반응하는가?
- 보육 활동을 미리 계획하고 조직하는가?
- 영유아를 편견이나 차별 없이 평등하게 대하는가?
- 영유아가 스스로 해결하도록 지도하는가?
- 영유아의 부정적 정서를 긍정적으로 수용하는가?
- 영유아 간의 다툼이나 문제 상황에 어떻게 개입하는가?
- 영유아의 자유놀이에 교사가 적극 참여하고 놀이 전체를 수시로 파악하려 하고 있는가?
- 또래 간의 긍정적인 상호작용을 격려하는가?

출처: 한국보육진흥원(2017).

4) 교사-영유아 상호작용 관찰 기록 예시

교사-영유아 상호작용 관찰 기록	
관 찰 일	2000년 ㅇ월 ㅇ일 오전 00:00~00:00
관찰 상황	오전 자유선택 활동 (역할 영역)
기 록	ㅇㅇ이가 △△, ㅁㅁ이와 함께 여름옷 가게를 만들고 여름 신발을 신고 있다. △△: ㅇㅇ이야, 나 신발 필요해. ㅇㅇ: 이거 신어(교구장에 있는 신발을 꺼내 준다). △△: 이거 말고 니가 신고 있는 신발 줘. ㅇㅇ: 이건 안 돼(높은 목소리로 말한다). 교사: ㅇㅇ이야 △△이야, 무슨 일이니? ㅇㅇ: 내가 이 신발을 먼저 신었는데, △△이가 뺏으려고 해요. △△: 아니야, 난 안 뺐었어. 선생님 저도 이 신발 신고 싶어요. 교사: ㅇㅇ이도 신고 싶고, △△이도 신고 싶은 거구나. 그런데 ㅇㅇ이가 먼저 신었는데 어떻게 하면 좋을까? ㅇㅇ: 내가 열 번 신고, △△이에게 빌려줄 수 있어요. 교사: 우~와! ㅇㅇ이가 멋진 생각을 했네. △△이야 어때? ㅇㅇ이가 열 번 신을 동안 기다려 줄 수 있을까? △△: 네! 기다릴게요. ㅇㅇ이야, 고마워.
해석 및 평가	역할 영역에서 계절에 맞는 신발, 옷 등을 구성하여 놀이를 할 수 있다. 역할놀이 시 교구 등을 서로 양보하거나 배려하는 것을 힘들어 한다. 하지만 또래와의 갈등 시 교사의 수용적인 개입으로 또래들끼리 스스로 해결할 수 있도록 갈등 상황을 제시해 주어 해결하도록 하였다. 또한 이러한 갈등 상황에서 영유아들은 자신의 생각을 긍정적으로 표현할 수 있다.

5장 보육계획 운영 및 보육실습일지 작성법

1. 연간보육계획안

연간보육계획안은 각 어린이집의 보육 철학 및 목표를 중심으로 보육의 특성(프로그램) 등을 고려하여 1년 동안 이루어지는 전체 활동 프로그램을 포괄적으로 계획한다. 특히 영유아의 연령 및 발달 수준, 지역사회의 특성들을 고려하여 최적의 경험과 환경을 제공하기 위해 한 해 동안 진행되는 전체적인 프로그램과 연간 행사를 계획하는 가장 큰 기초가 된다.

연간 계획을 바탕으로 월별로 구성되는 월간보육계획을 세우게 되며 더 나아가 매주 계획되는 주간보육계획을 수립하게 되며 이것은 하루하루 영유아들이 활동할 수 있는 일일보육계획이 세워지게 되는 바탕이 된다.

연간보육계획을 수립할 때에는 다음과 같은 점을 고려해야 한다.

① 전년도 연간보육계획 활동에 대한 평가를 기초로 하여 반영적 평가 주제들을 연간 계획에 세운다.
② 계절의 변화 또는 사회적인 이슈나 행사 등 지역적 특징을 고려하여 세운다.
③ 영유아의 발달 수준 개인차, 흥미와 관심, 사전 경험을 고려하여 세운다.
④ 어린이집과 연령별 반의 특성에 맞게 적절히 수정, 보완하여 활용할 수 있도록 계획한다.

1) 연간보육계획안 예시

연간보육계획은 어린이집에서 영유아들의 연령과 발달 특성에 맞게 1년간 달성해야 할 표준보육과정(만 0~2세) 및 누리과정(만 3~5세)을 중심으로 보육 목표와 내용을 주제별로 통합적으로 제시하여 어린이집에서 경험해야 할 전반적인 지식, 기술, 가치 및 태도 등의 세부 내용을 제시해야 한다.

다음은 만 0세부터 만 5세까지 연령별 연간보육계획안의 월별 주제에 따른 세부 내용을 소개한 것이다.

연간보육계획안 (만 0세)					
월	주제	소주제	월	주제	소주제
3월	낯설어요 1	엄마와 함께해요 1	9월	놀이는 재미있어요 1-1	움직이는 놀잇감 1
		엄마와 함께해요 2			움직이는 놀잇감 2
		선생님을 만나요 1			구멍이 있는 놀잇감 1
		선생님을 만나요 2			구멍이 있는 놀잇감 2
		선생님을 만져 봐요			
4월	낯설어요 2	선생님과 놀아요 1	10월	놀이는 재미있어요 1-2	굴러가는 놀잇감 1
		선생님과 놀아요 2			굴러가는 놀잇감 2
		익숙해졌어요 1			까꿍 놀잇감
		익숙해졌어요 2			소리가 나는 놀잇감 1
					소리가 나는 놀잇감 2
5월	느껴 봐요 1	씻으며 느껴요 1	11월	놀이는 재미있어요 2-1	통 · 상자 놀이 1
		씻으며 느껴요 2			통 · 상자 놀이 2
		입으며 느껴요			헝겊 · 천 놀이
		먹으며 느껴요 1			공놀이
		먹으며 느껴요 2			
6월	느껴 봐요 2	놀며 느껴요 1	12월	놀이는 재미있어요 2-2	악기놀이 1
		놀며 느껴요 2			악기놀이 2
		자연을 느껴요 1			그릇놀이 1
		자연을 느껴요 2			그릇놀이 2
7월	움직여요 1	누워서 움직여요 1	1월	좋아해요 1	마주 봐요 1
		누워서 움직여요 2			마주 봐요 2
		앉아서 움직여요 1			안아 줘요
		앉아서 움직여요 2			같이 해 봐요 1
					같이 해 봐요 2
8월	움직여요 2	기어요	2월	좋아해요 2	함께 웃어요 1
		서고 걸어요 1			함께 웃어요 2
		서고 걸어요 2			사랑해요 1
		잡아 보아요 1			사랑해요 2
		잡아 보아요 2			

출처: 보건복지부 · 중앙육아종합지원센터(2018). 표준보육과정의 이해와 실제.

연간보육계획안 (만 1세)

월	주제	소주제
3월	새로운 것이 낯설어요 1	어린이집에 왔어요 1
		어린이집에 왔어요 2
		엄마와 웃으며 헤어져요
		만나고 친해져요 1
		만나고 친해져요 2
4월	새로운 것이 낯설어요 2	우리 반에 무엇이 있을까요 1
		우리 반에 무엇이 있을까요 2
		밖으로 나가 보아요 1
		밖으로 나가 보아요 2
5월	느낄 수 있어요 1	만져 보아요 1
		만져 보아요 2
		살펴보아요 1
		살펴보아요 2
		들어 보아요 1
6월	느낄 수 있어요 2	들어 보아요 2
		맡아 보아요 1
		맡아 보아요 2
		맛보아요
7월	느낄 수 있어요 3 & 놀이할 수 있어요 1	온몸으로 느껴 보아요 1
		온몸으로 느껴 보아요 2
		물놀이는 재미있어요 1
		물놀이는 재미있어요 2
8월	놀이할 수 있어요 2	놀잇감은 재미있어요 1
		놀잇감은 재미있어요 2
		놀잇감은 재미있어요 3
		까꿍놀이는 재미있어요 1
		까꿍놀이는 재미있어요 2

월	주제	소주제
9월	나는 할 수 있어요 1	즐겁게 할 수 있어요 1
		즐겁게 할 수 있어요 2
		말할 수 있어요 1
		말할 수 있어요 2
10월	나는 할 수 있어요 2 & 움직이는 것이 재미있어요 1	찾을 수 있어요 1
		찾을 수 있어요 2
		바깥놀이는 재미있어요 1
		바깥놀이는 재미있어요 2
		바깥놀이는 재미있어요 3
11월	움직이는 것이 재미있어요 2	몸을 움직여요 1
		몸을 움직여요 2
		움직이게 할 수 있어요 1
		움직이게 할 수 있어요 2
12월	좋아하는 놀이가 있어요 1	그림책으로 놀아요 1
		그림책으로 놀아요 2
		춤추고 놀이해요 1
		춤추고 놀이해요 2
1월	좋아하는 놀이가 있어요 2	흉내 내요 1
		흉내 내요 2
		흉내 내요 3
		응가, 쉬 놀이가 좋아요 1
		응가, 쉬 놀이가 좋아요 2
2월	새로운 것도 좋아요	함께 놀아요 1
		함께 놀아요 2
		선생님이 좋아요 1
		선생님이 좋아요 2

출처: 보건복지부·중앙육아종합지원센터(2018). 표준보육과정의 이해와 실제.

연간보육계획안 (만 2세)

월	주제	소주제
3월	어린이집이 좋아요 1	나는 ㅇㅇ반이에요 1
		나는 ㅇㅇ반이에요 2
		선생님과 친구들이에요
		재미있는 놀잇감이 있어요
		내가 좋아하는 놀잇감이에요
4월	어린이집이 좋아요 2 & 봄나들이 가요 1	편안하게 지내요
		안전하게 놀아요
		바깥놀이가 재미있어요
		안전하게 바깥놀이해요
5월	봄나들이 가요 2 & 나는요 1	꽃구경은 즐거워요
		벌레가 꿈틀꿈틀해요
		봄나들이 갈까요
		나는 ㅇㅇㅇ이에요
		내 몸을 살펴봐요
6월	나는요 2	나는 느껴요
		내가 좋아하는 것이 있어요
		혼자서도 잘해요 1
		혼자서도 잘해요 2
7월	재미있는 여름이에요	날씨가 더워졌어요
		비가 많이 와요
		깨끗하게 씻어요
		물놀이가 재미있어요
8월	나는 가족이 있어요	엄마, 아빠가 좋아요
		우리 가족을 흉내 내요 1
		우리 가족을 흉내 내요 2
		우리 가족을 소개해요 1
		우리 가족을 소개해요 2

월	주제	소주제
9월	동물놀이 해요 1	여러 가지 동물이 있어요
		엄마 동물, 아기 동물
		동물처럼 소리를 내어 보아요
		ㅇㅇ반이 좋아하는 동물
10월	동물놀이 해요 2 & 알록달록 가을이에요 1	동물을 사랑해요
		가을이에요
		가을 나들이
		단풍이 물들어요
		자연물로 놀이해요
11월	알록달록 가을이에요 2 & 겨울과 모양을 즐겨요 1	알록달록 색깔 나라
		재미있는 그리기 나라
		여러 가지 모양이 있어요
		모양놀이해요 1
12월	겨울과 모양을 즐겨요 2	모양놀이해요 2
		추워요
		즐거운 성탄이에요
		따뜻하게 지내요
1월	겨울과 모양을 즐겨요 3 & 나는 친구가 있어요 1	신나는 겨울놀이
		내 친구가 좋아요
		친구와 함께하는 놀이가 있어요 1
		친구와 함께하는 놀이가 있어요 2
		우리는 5살
2월	나는 친구가 있어요 2	형, 언니가 되었어요 1
		형, 언니가 되었어요 2
		즐거웠던 우리 반 1
		즐거웠던 우리 반 2

출처: 보건복지부·중앙육아종합지원센터(2018). 표준보육과정의 이해와 실제.

연간보육계획안 (만 3~5세)					
월	주제	소주제	월	주제	소주제
3월	우리 원과 친구	새로운 환경1	9월	세계 속의 우리나라	우리나라 사람들의 생활
		새로운 환경2			우리나라 놀이와 예술
		우리 원에서의 하루			우리나라 역사와 자랑거리
		우리 원에서 만난 친구			세계 여러 나라의 문화와 교류
		함께 만드는 우리 원			
4월	봄과 동식물	봄과 우리 생활	10월	가을/ 환경과 생활	가을과 우리 생활
		따뜻한 봄			가을 풍경
		궁금한 동식물			가을 곡식과 열매
		자연과 더불어 사는 우리			가을 단풍과 낙엽
					물과 우리 생활
5월	나와 가족	나의 몸과 마음	11월	환경과 생활	돌, 흙과 우리 생활
		소중한 나			바람, 공기와 우리 생활
		소중한 가족			빛과 우리 생활
		가족의 생활			소리와 우리 생활
		가족의 문화			
6월	우리 동네	우리 동네의 모습	12월	겨울	겨울과 우리 생활
		우리 동네의 생활			신나는 겨울놀이
		함께 살아가는 이웃			건강한 겨울
		우리 동네의 전통과 문화			사랑을 나누는 겨울
7월	여름과 건강	여름과 우리 생활	1월	생활 도구	다양한 생활 도구
		여름 풍경			생활 도구를 움직이는 힘
		안전한 놀이와 휴식			생활 도구로서의 미디어
		깨끗한 나와 환경			우리 생활을 돕는 발명품
					미래의 생활 도구
8월	교통 기관	교통 기관의 종류	2월	형님이 되었어요	자라난 나
		고마운 교통 기관			동생에게 전하는 이야기
		교통 기관의 변화와 구조			형님이 되는 나
		교통 통신과 생활			즐거웠던 우리 반
		안전한 교통 생활			

출처: 보건복지부·중앙육아종합지원센터(2018). 표준보육과정의 이해와 실제.

2. 월간보육계획안

월간보육계획안은 연간보육계획안을 바탕으로 주제별로 보육 계획을 작성하되, 월간보육계획이나 주간보육계획 중 상황에 맞게 한 가지를 선택하여 계획해도 무방하다. 실습생으로서는 월간과 주간보육계획안 중 선택하는 것보다 월간과 주간 보육계획안 모두를 작성해 보는 것이 기초를 배우는데 도움이 된다. 월간보육계획안 역시 주제별로 작성하되, 전년도 계획의 실행 평가를 기초로 해서 평가된 내용을 반영하여 계획한다.

월간보육계획 수립 시 고려 사항은 다음과 같다.

① 월간보육계획은 연간 계획과 연계하여 작성하는데 한 달의 대략적인 계획을 한 눈에 볼 수 있도록 소주제와 목표, 간략한 내용으로 작성할 수도 있고 주 단위로 영역별 내용을 상세히 계획할 수도 있다.
② 월간보육계획에서는 일상생활과 놀이 활동을 구분하여 주제 및 소주제에 맞는 활동을 계획하여 수립해야 한다.

1) 월간보육계획안 예시

월간보육계획안은 연간보육계획안과 연계되도록 매월 어린이집에서 진행되는 주제와 관련된 활동을 영유아들의 발달 흥미에 맞춰 통합적으로 흥미 영역별로 계획한다.

다음은 만 0세부터 만 5세까지 연령별 월간보육계획안의 세부 내용을 소개한 것이다.

월간보육계획안 (만 0세)

주 제		놀이는 재미있어요 1-2		교육 기간	2000년 0월 0일 ~ 2000년 0월 0일	
목 표		• 굴러가는 놀잇감(소리가 나는 놀잇감)에 관심을 가지고 놀이한다. • 놀잇감의 움직임(소리)에 대한 다양한 어휘를 경험한다. • 다양한 방법으로 까꿍놀이를 경험한다. • 까꿍놀이를 통해 대상 영속성 개념을 이해한다.				
주		1주	2주	3주	4주	5주
영역별 활동 / 주제명		굴러가는 놀잇감 1	굴러가는 놀잇감 2	까꿍 놀잇감	소리가 나는 놀잇감 1	소리가 나는 놀잇감 2
등원 및 맞이하기		– 변해 가는 나뭇잎에 대해 이야기하며 인사해요		– 까꿍놀이를 하며 맞이해요		
일상적 양육	수유 및 이유식	– (먹기)턱받이를 하고 음식을 먹어요		– (먹기)우유, 이유식을 먹고 물을 마셔요		
	낮잠	– 이불 위에서 뒹굴뒹굴하며 편안함을 느껴 보아요		– 이불로 까꿍놀이하며 기분 좋게 일어나요		
	기저귀 갈이	– 기저귀 갈며 원통 속 공을 탐색해요		– 기저귀 갈며 선생님과 까꿍놀이해요		
실내 자유 놀이	신체	– (대근육)여러 가지 공으로 볼링놀이해요 – (대근육)바퀴 달린 놀잇감을 끌어요 – (소근육)자동차 놀잇감을 굴려서 주고받아요	– (대근육 I)선생님과 큰 공을 굴려요 – (대근육 II)도움을 받아 친구와 큰 공을 굴려요 – (소근육)분유통을 굴려요 – (소근육)숟가락으로 공을 굴려요	– (대근육)두더지놀이를 해요 – (소근육)상자 속에 숨어 있는 놀잇감을 찾아요 – (소근육)컵 속에 무엇이 있을까요	– (대근육)소리 나는 구슬 발을 지나가요 – (소근육)뚝딱뚝딱 망치놀이를 해요 – (소근육)소리 나는 놀잇감을 눌러봐요	– (대근육)에어캡 위에서 점프해요 – (소근육 I)소리 나는 촉감 공을 붙여요 – (소근육 II)소리 나는 촉감 공을 정해진 자리에 붙여요 – (소근육)삑삑이를 조물조물해요
	언어	– (읽기, 듣기, 말하기)공놀이 책을 봐요 – (읽기, 듣기, 말하기)굴러가는 놀잇감을 말해요 – (듣기, 말하기)베이비사인: 데굴데굴 – (쓰기)공 그림 위에 끼적여요	– (읽기, 듣기, 말하기) 동화: 우리 함께 공놀이해요 – (읽기, 듣기, 말하기) 말놀이: 가을 동산 – (듣기, 말하기)베이비사인: 데굴데굴 – (쓰기, 듣기) '씽씽 굴러가는 바퀴' 노래 들으며 끼적여요	– (읽기, 듣기, 말하기 I)덮개가 있는 그림책을 봐요 – (읽기, 듣기, 말하기 II)덮개가 있는 그림책을 보며 '까꿍'이라고 말해요 – (읽기, 말하기)부분만 보고 알아요 – (듣기, 말하기)베이비사인: 까꿍 – (쓰기)끼적이면 보여요	– (읽기, 듣기, 말하기) 딩동딩동 소리 책을 봐요 – (듣기, 말하기)놀잇감 소리를 듣고 표현해요 – (듣기, 말하기)베이비사인: 까꿍 – (쓰기)바스락 소리 나는 종이 위에 끼적여요	– (읽기, 듣기, 말하기) 그림책 속 악기를 찾아봐요 – (읽기, 듣기, 말하기) 말놀이: 가을은 맛있다 – (듣기, 말하기)베이비사인: 까꿍 – (쓰기)소리 나는 쓰기 도구로 끼적여요

실내 자유 놀이	감각 탐색	– (음악.동작) '내가 만약 공이라면' 노래 들으며 춤춰요 – (쌓기 I)공 그림 블록으로 놀아요 – (쌓기 II)공 그림 블록을 쌓아요 – (역할)공 가게 놀이를 해요 – (탐색)경사로에서 놀잇감을 굴려요 – (미술)나만의 공을 꾸며요	– (음악.동작)'빙글빙글 돌아서' 손유희해요 – (쌓기)같은 공 그림 블록끼리 쌓아요 – (역할)카트를 밀며 놀이해요 – (탐색)트위스트 롤러를 탐색해요 – (미술)알록달록 커다란 코스모스	– (음악.동작)'꼭꼭 숨어라' 노래 들으며 율동해요 – (쌓기)수건 블록 뒤에 숨어요 – (역할)까꿍 인형으로 놀아요 – (탐색)거울 보며 까꿍놀이해요 – (미술)내 얼굴 사진에 스티커를 붙여요	– (음악.동작 I)큰 소리, 작은 소리를 듣고 몸으로 표현해요 – (음악.동작 II)큰 소리, 작은 소리를 악기로 표현해요 – (쌓기)소리 나는 블록이 있어요 – (역할)소리 나는 인형으로 놀아요 – (탐색)바스락바스락 비닐 소리를 내요 – (미술)딸랑딸랑 방울로 그림을 그려요	– (음악.동작)숟가락 딸랑이를 흔들어요 – (쌓기)소리 나는 블록을 쌓아요 – (역할)부릉부릉 자동차 놀이를 해요 – (탐색)무슨 소리일까요? – (미술)치카치카 칫솔 그림을 그려요
실외 놀이		– (산책)나뭇잎의 색이 변했어요 – (실외 놀이)데굴데굴 왕밤을 굴려요 – (견학)어린이 동물원에 가요 – (실내 대체 활동)골대를 향해 공을 차요	– (산책)가을바람 따라 아장아장 걸어요 – (실외 놀이)나뭇잎 부채로 놀아요 – (실내 대체 활동)요술 볼을 굴려요	– (산책)나무 뒤에 몸을 숨겨요 – (실외 놀이)나뭇잎으로 까꿍놀이해요 – (실내 대체 활동)미끄럼틀 까꿍놀이를 해요	– (산책)낙엽 소리를 들어보아요 – (실외 놀이)소리 나는 신발을 신고 놀아요 – (실내 대체 활동)삑삑이 징검다리를 건너요	– (산책)낙엽 위를 걸어요 – (실외 놀이)소리 나는 공을 미끄럼 태워요 – (실내 대체 활동)주걱으로 소리 나는 풍선을 딸랑딸랑 흔들어요
기본 생활 습관		– 놀잇감도 자리가 있어요	– 선생님의 도움을 받아 놀잇감을 정리해요	– 선생님의 도움을 받아 포크를 사용해요	– 그림책도 자리가 있어요	– 책상 위로 올라가지 않아요
안전 교육		– (재난 대비)땅이 흔들려요 – 지진 비상대응	– (실종 유괴)어른과 함께 다녀요	– (약물)약은 정해진 약만 먹어요	– (교통)차 안에서 일어나지 않아요	– (생활)승강기와 에스컬레이터 – 소방 대피 훈련
귀가 및 가정과의 연계		– 자기 전에 엄마, 아빠와 데굴데굴 굴러봐요		– 손으로 까꿍놀이하며 만나요		

출처: 이삭어린이집(2018).

월간보육계획안 (만 1세)

주 제		나는 할 수 있어요 2 & 움직이는 것이 재미있어요 1		교육 기간	2000년 0월 0일 ~ 2000년 0월 0일	
목 표		• 자신과 관련된 물건에 관심을 가진다. • 내 것과 타인의 물건을 탐색한다. • 바깥놀이에 관심을 가지고 즐겁게 참여한다. • 바깥 환경에 관심을 가지고 놀이를 경험한다. • 주변에서 볼 수 있는 다양한 자연물을 이용해 놀이한다.				
주		1주	2주	3주	4주	5주
주제명 / 영역별 활동		찾을 수 있어요 1	찾을 수 있어요 2	바깥놀이는 재미있어요 1	바깥놀이는 재미있어요 2	바깥놀이는 재미있어요 3
등원 및 맞이하기		– 도움을 받아 신발장에 내 신발을 정리해요		– 떨어진 낙엽을 주워 와요		
일상적 양육	점심 및 간식	– 내 그릇과 식사 도구를 정리해요		– (씻기)친구와 함께 손을 씻어요		
	낮잠	– 내 베개와 이불을 정리해요		– '숲의 정경' 들으며 잠들어요		
	기저귀 갈이/배변 활동	– 기저귀와 팬티의 느낌이 달라요		– 내 팬티가 있어요		
실내 자유 놀이	신체	–(대근육 I)내 사진 위에 앉아요 –(대근육 II)내 사진을 따라 걸어요 –(대근육)내 얼굴, 친구 얼굴 사진 풍선으로 놀아요 –(소근육)내 서랍장에 스티커를 붙여요	– (대근육)터널에서 내 물건을 찾아요 – (소근육)놀잇감 이름을 듣고 담아요 – (소근육)내 물건 사진만 붙여요	– (대근육)나무처럼 팔 벌려요 쭉쭉! – (대근육)매달린 잠자리에 점프해요 – (소근육)낙엽을 잡아요	– (대근육)미끄럼틀을 타요 – (소근육)놀이기구 카드를 뒤집어요 – (소근육)놀이기구 사진을 붙여요	– (대근육)나뭇잎 머리띠를 쓰고 굴러요 – (소근육)가을 열매 그림판에 끈을 끼워요 – (소근육)나뭇잎 스티커를 붙여요
	언어	– (읽기,듣기,말하기)동화: 내 변기 찾았다 – (듣기,말하기)우리 반에 내 물건이 있어요 – (쓰기)내 사진 위에 끼적여요	– (읽기,듣기,말하기)친구의 물건 사진을 봐요 – (듣기,말하기)누구의 물건인지 말해요 – (쓰기,읽기)친구들 물건 사진 위에 끼적여요	– (읽기,듣기,말하기)동화: 재미있는 바깥놀이 – (읽기,듣기,말하기 I)자연물 사진 카드를 봐요 – (읽기,듣기,말하기 II)자연물 사진 카드를 보고 말해요 – (쓰기,말하기)내가 산책하는 사진 위에 끼적여요	– (읽기,듣기,말하기)놀이터 놀이책을 봐요 – (읽기,듣기,말하기)놀이터에서 지켜야 하는 약속을 말해요 – (쓰기,말하기)놀이터 사진 위에 끼적여요	– (읽기,듣기,말하기)가을에 바쁜 크레파스 – (읽기,듣기,말하기)가을에 볼 수 있는 자연물 그림 카드를 봐요 – (쓰기,읽기)가을에 볼 수 있는 자연물 그림 카드에 끼적여요

실내 자유 놀이	역할 쌓기	– (쌓기)내 물건을 쌓아요 – (역할)내 물건을 팔아요	– (쌓기Ⅰ)우리 반 물건 사진 블록으로 놀이해요 – (쌓기Ⅱ)우리 반 물건 사진 블록을 쌓아요 – (역할)우리 반 물건을 카트에 담아요	– (쌓기)낙엽 블록이 있어요 – (역할)가방 메고 소풍 가요	– (쌓기)격자 블록으로 미끄럼틀을 만들어요 – (역할)미끄럼틀에 인형을 태워요	– (쌓기)가을 열매 블록으로 놀이해요 – (역할)가을 열매를 그릇에 담아요
	감각 탐색	– (음악.동작)나처럼 해봐요 – (미술)내 손이랑 똑같아요 – (탐색)내 가방에는 무엇이 있을까요	– (음악.동작)내가 고른 악기를 연주해요 – (미술)친구 손바닥, 내 손바닥 – (탐색)내 물건과 친구의 물건이 달라요	– (음악.동작)'윙윙윙' 동요 들으며 잠자리처럼 움직여요 – (미술)나뭇잎으로 인디언 머리띠를 만들어요 – (탐색)가을 열매를 탐색해요	– (음악.동작Ⅰ)자연물 마라카스 흔들기 – (음악.동작Ⅱ)'도토리' 들으며 자연물 마라카스 흔들기 – (미술)놀이기구를 꾸며요 – (탐색)놀이기구 퍼즐을 맞춰요	– (음악.동작)'가을은' 동요 들으며 작은북을 연주해요 – (미술)나뭇잎 모양을 시트지에 붙여 꾸미기 – (탐색Ⅰ)가을 열매 퍼즐을 맞춰요 – (탐색Ⅱ)가을 열매 퍼즐을 맞춰요
실외 놀이		– (산책)나뭇잎이 변했어요 – (실외 놀이)모래 속에서 내 물건 사진을 찾아요 – (견학)어린이 동물원에 가요 – (실내 대체 활동)나도 구를 수 있어요	– (산책)도토리를 주워요 – (실외 놀이)모래 속에 내 손과 발을 숨겨요 – (실내 대체 활동)낮은 골대에 공을 넣어요	– (산책)낙엽 소리를 들어 보아요 – (실외 놀이)끌차에 자연물을 넣어 놀이해요 – (실내 대체 활동)달팽이가 되어 터널을 기어가요	– (산책)돌길을 따라 걸어요 – (실외 놀이)놀이기구를 타며 놀아요 – (실내 대체 활동)스카프로 바람을 만들어요	– (산책)가을을 찾아요 – (실외 놀이)다양한 자연물을 담아요 – (실내 대체 활동)나뭇잎 징검다리를 건너요
기본 생활 습관		– 도움을 받았을 때 감사 인사를 해요	– 음식을 골고루 먹어요	– 바깥놀이한 뒤에는 앉아서 쉬어요	– 내 순서를 기다려요	– 놀잇감 놀이 시 친구를 방해하지 않아요
안전 교육		– (재난 대비)땅이 흔들려요 – 지진 비상 대응	– (실종 유괴)어른과 함께 다녀요	– (약물)약은 정해진 약만 먹어요	– (교통)차 안에서 일어나지 않아요	– (생활)승강기와 에스컬레이터 – 소방 대피 훈련
귀가 및 가정과의 연계		– 내가 좋아하는 그림책을 보고 가요		– 어린이집 주변을 산책하며 집으로 가요		

출처: 이삭어린이집(2018).

월간보육계획안 (만 2세)

주 제		동물놀이해요 2 & 알록달록 가을이에요 1		교육 기간	2000년 0월 0일 ~ 2000년 0월 0일	
목 표		• 가을의 날씨 변화를 느낀다. • 주변 자연환경 및 식물의 변화에 관심을 가진다. • 가을이 되어 변화하는 단풍의 색에 관심을 가진다. • 자연물로 할 수 있는 다양한 놀이를 즐긴다. • 동물은 소중한 존재임에 관심을 가진다. • 동물에 대한 애정을 표현해 본다.				
주		1주	2주	3주	4주	5주
영역별 활동 / 주제명		동물을 사랑해요	가을이에요	가을 나들이	단풍이 물들어요	자연물로 놀이해요
등원 및 맞이하기		– 어린이집에 누구와 왔는지 이야기해요			– 변화된 날씨에 대해 이야기해요	
일상적 양육	점심 및 간식	– (먹기)즐거운 마음으로 맛있게 먹어요			– (씻기)물을 잠그고 이를 닦아요	
	낮잠	– 내 이불을 펼 수 있어요			– 베개를 베고 누워요	
	배변 활동	– 스스로 옷을 내리고 올려요			– 팬티를 올리고 바지를 올려요	
실내 자유 놀이	신체	– (대근육)악어처럼 움직여요 – (대근육)토끼에게 당근 주기 – (소근육)손가락 코끼리 코 만들기	– (대근육)가을 꽃길을 걸어요 – (대근육)낙엽 비가 내려요 – (소근육)바구니에 열매를 담아요	– (대근육 Ⅰ)나뭇잎처럼 움직여요 – (대근육 Ⅱ)떨어지는 나뭇잎처럼 움직여요 – (대근육)동네 길 따라 움직이기 – (소근육)낙엽 꼬치를 만들어요	– (대근육)나뭇잎 징검다리를 건너요 – (대근육)나뭇잎을 뒤집어요 – (소근육)나뭇가지에 줄을 감아요	– (대근육)콩 주머니를 던져요 – (대근육)알록달록 단풍잎 볼링 – (소근육)나뭇가지를 차곡차곡 쌓아요
	언어	– (읽기,듣기,말하기)반려동물과 함께 살아요 – (읽기,듣기,말하기)동화: 고양이는 나만 따라해 – (쓰기 Ⅰ)동물 무늬에 끼적이기 – (쓰기 Ⅱ)동물 무늬에 맞춰 끼적이기	– (읽기,듣기,말하기 Ⅰ)가을 풍경을 봐요 – (읽기,듣기,말하기 Ⅱ)가을 풍경 속 자연물을 봐요 – (읽기,듣기,말하기)가을에 입는 옷을 보며 이야기해요 – (쓰기,말하기)가을 풍경 그림에 끼적여요	– (읽기,듣기,말하기)말놀이: 가을 동산 – (듣기,말하기)가을 나들이 사진을 보며 이야기해요 – (쓰기)가을 음악을 들으며 끼적여요	– (읽기,듣기,말하기)나무도 변해요 – (듣기,말하기)바람이 부는 모습을 보며 말해요 – (쓰기,말하기)나뭇잎에 그림 편지를 써요	– (읽기,듣기,말하기)말놀이: 가을은 요술쟁이 – (읽기,듣기,말하기)자연물 책을 보아요 – (쓰기,말하기)가을 나무 카드에 끼적여요

실내 자유 놀이	역할 쌓기	– (쌓기)긴 뱀, 짧은 뱀 만들기 – (역할)동물 인형 재우기	– (쌓기)큰 나무, 작은 나무를 쌓아요 – (역할)쓱쓱 낙엽 청소	– (쌓기)돗자리를 만들어요 – (역할)가을 소풍을 가요	– (쌓기)가을 동산을 만들어요 – (역할 Ⅰ)나뭇잎 왕관을 써요 – (역할 Ⅱ)나뭇잎 왕관을 쓰고 놀이해요	– (쌓기)나무 무늬 블록으로 식탁, 의자를 만들어요 – (역할)가을 열매로 상을 차려요
	감각 탐색	– 동물 그림자 찾기	– 나는 누구일까요? (가을 곤충)	– 과일의 반쪽을 찾아요	– 나뭇잎 방석이에요	–(Ⅰ)열매가 몇 개일까? –(Ⅱ)어떤 열매가 더 많을까?
	미술	– 동물 모빌 꾸미기	– 알록달록 나무	– 잠자리를 만들어요	– 나뭇잎 왕관을 만들어요	– 액자를 만들어요
	음률	– (음악,동작)'코끼리와 거미줄' 들으며 표현해요	– (음악,동작)'도토리' 동요를 들으며 마라카스를 흔들어요	– (음악,동작)'아기 다람쥐 또미' 들으며 악기 연주해요	– (음악,동작)나무 악기로 연주해요	– (음악,동작)북 위에서 춤추는 씨앗
실외 놀이		– (산책)가을바람을 느껴요 – (실외 놀이)동글동글 돌멩이로 놀아요 – (견학)어린이 동물원에 가요 – (실내 대체 활동)커다란 나뭇잎을 위로 아래로 흔들어요	– (산책)단풍나무와 인사해요 – (실외 놀이)잠자리처럼 날아요 – (실내 대체 활동)쿵쿵쿵 사뿐사뿐 놀이해요	– (산책)낙엽 냄새를 맡아요 – (실외 놀이)납작한 돌멩이를 쌓아요 – (실내 대체 활동)훌라후프 기차놀이를 해요	– (산책)낙엽 길을 따라 걸어요 – (실외 놀이)확대경으로 살펴봐요 – (실내 대체 활동)낙엽을 잡아요	– (산책)가을 하늘을 바라봐요 – (실외 놀이)열매가 열렸어요 – (실내 대체 활동)나무처럼 팔 벌려요
기본 생활 습관		– 자연을 소중히 여겨요	– 바깥놀이한 뒤에는 앉아서 쉬어요	– 버스를 타고 내릴 때 차례를 지켜요	– 손톱, 발톱을 깨끗이 다듬어요	– 음식을 골고루 먹어요 – (생활 동요)야채송: 무지개 야채
안전 교육		– (재난 대비)땅이 흔들려요 – 지진 비상 대응	– (실종 유괴)모르는 사람이 데려가요	– (약물)정해진 약만 먹어요	– (교통)보호 장구를 착용해요	– (생활 안전)승강기와 에스컬레이터 – 소방 대피 훈련
귀가 및 가정과의 연계		– 가을 날씨를 이야기하며 귀가해요			– 가을 나뭇잎의 색을 살펴봐요	

출처: 이삭어린이집(2018).

월간보육계획안 (만 3~5세)

주 제		가을/환경과 생활		교육 기간	2000년 0월 0일 ~ 2000년 0월 0일	
목 표		• 가을 날씨의 변화를 느낀다. • 가을에 나타나는 기후 현상의 특징을 안다. • 가을을 건강하고 안전하게 지낼 수 있는 방법을 알고 실천한다. • 아름다운 가을 풍경을 느끼고 즐긴다. • 가을에는 곡식과 열매가 익음을 안다. • 가을에는 곡식과 열매를 추수하고, 기쁨과 감사함을 느낀다. • 가을의 나무와 나뭇잎을 탐색한다. • 자연물을 이용한 놀이를 통해 즐거움을 느낀다.				
주		1주	2주	3주	4주	5주
영역별 활동 / 주제명		가을 날씨와 생활 변화	가을 풍경	풍성한 곡식과 열매	나무와 나뭇잎	물과 우리 생활
자유 선택 활동	쌓기	– 가을 용품 가게를 열어요	– 아름다운 가을 풍경 구성하기	– 논과 밭을 구성해요	– 수목원을 만들어요	– 댐을 만들어요
	역할	– 가을 용품 가게	– 단풍놀이를 떠나요	– 곡식과 열매를 수확해요	– 수목원에 놀러 가요	– 방울방울 물방울 가족놀이
	언어	– 가을 관련 이야기를 지어요 – 가을 하면 생각나는 것은?	– 같은 모양 낙엽, 같은 글자를 찾아요 – 가을 곤충 소리를 들어요	– 농부에게 편지를 써요	– 가을 나무 책을 만들어요	– 물의 느낌을 글자로 표현해요 – '물'이 들어간 단어 이야기 하기
	수/조작	– 가을 빙고 게임을 해요 – 가을 옷차림 퍼즐을 맞춰요	– 곤충 줄을 세워요 – 가을 풍경 퍼즐을 맞춰요	– 밤, 도토리 오목 놀이를 해요 – 가을 열매를 담아요 – 벼 모양 바느질을 해요	– 가을 나무를 찾아요 – 나뭇잎이 떨어져요 – 가을 나무 퍼즐을 맞춰요	– 파란 물방울, 하얀 물방울을 만들어요 – 물이 쓰이는 곳 퍼즐을 맞춰요
	음률	– 가을에 관련된 음악을 감상해요	– '가을길'노래 부르며 여러 가지 악기로 연주해요	– 도토리 리듬 악기	– 낙엽 악기 연주	– 물 실로폰
	미술	– 가을 옷 콜라주	– 내가 그린 가을 하늘 – 가을 동산 에코백을 만들어요	– 허수아비 가면	– 나뭇잎 발을 만들어요 – 점토에 가을 나뭇잎을 찍고 색칠해요	– 콸콸 내가 만든 정수기 – 물 모래시계를 만들어요
	과학	– 온도를 알아보아요	– 가을 곤충을 관찰해요	– 열매 무게를 맞춰요 – 곡식을 빻아요	– 단풍잎 안토시안 추출	– 물에 녹는 것 녹지 않는 것

대소 집단 활동	이야기 나누기	– 가을의 날씨와 우리들의 생활 – 개천절 – 가을철을 건강하게 지내려면	– 세종대왕님은 무슨 일을 하셨을까? – 가을에 볼 수 있는 곤충 – 가을의 색을 찾아요	– 가을의 곡식과 열매 – 가을에 먹는 음식 – 추수는 어떻게 이루어질까?	– 나뭇잎이 변하는 이유는? – 나뭇잎이 떨어져요 – 가을에 피는 꽃	– 물을 사용해요 – 깨끗한 물을 만들어요
	동시 동화 동극	– (동시)가을은 요술쟁이	– (동화)아기곰의 가을 나들이	– (동시)밤나무엔 해마다 – (동시)여기는 농촌	– (동시)코스모스	– (동시)얼음이 좋아
	게임 신체표현	– (게임)가을바람이 불었어요	– (신체)가을 곤충을 흉내 내요	– (게임)가을 열매를 따요 – (신체)벼가 익어요	– (신체)낙엽이 움직여요 – (게임)가을 꽃 바구니	– (신체)음악 분수가 되어요 – (게임)깨끗한 강물을 만들어요
	요리	– (요리)영양밥을 지어요	– (요리)고구마 맛탕	– (요리)도토리 묵사발	– (요리)나뭇잎 쿠키	– (요리)콩나물 무침
	음악	– (동요)가을이 왔다고 해요	– (동요)파란 가을 하늘	– (동요)밀과 보리가 자라네	– (동요)낙엽	– (음악)라벨–물의 유희 – (동요)더러워진 물 나라
	미술	– (미술)가을 옷 디자인	– (미술)가을 풍경 커피 그림	– (명화)밀레–이삭 줍는 사람들	– (미술)나뭇잎으로 만들어요 – (미술)울긋불긋 가을	– (미술)'물을 아껴요' 포스터를 만들어요 – (미술)콩나물이 쑥쑥 자라는 시루
실외 놀이		– 떨어지는 낙엽을 관찰해요 – (실내 대체 활동)스카프를 이용해 만드는 가을 바람	– 가을 숲 모래상자놀이 – (실내 대체 활동)가을 동산 소풍놀이	– 가을 동산에서 은행을 주워요 – (현장 학습)농업박물관 견학 – (실내 대체 활동)가을 열매가 되어 보아요	– 낙엽을 느껴요 – (실내 대체 활동)떨어지는 낙엽을 잡아요	– 물총 그림 – (실내 대체 활동)물의 순환
안전 교육		– 지진 비상 대응 – 땅이 흔들려요	– 승강기와 에스컬레이터	– 문을 열어 주면 안 돼요 – 아동 권리 방패를 지키는 방법	– 콜록콜록 담배는 싫어요	– 안전하게 타요(자전거와 스케이트) – 소방 대피 훈련
기본 생활 습관		– 미안해, 미안해	– 음식을 골고루 먹어요 – (생활 동요)야채송: 무지개 야채	– 약속은 꼭 지켜요	– 견학 시 지켜야 할 약속	– 물을 아껴서 사용해요

출처: 이삭어린이집(2018).

3. 주간보육계획안

주간보육계획안은 목표에 맞게 단계적, 연속적으로 배치한 후 통합적으로 운영하는데, 모든 영역별 활동을 골고루 경험할 수 있도록 해야 한다. 또한 각 활동은 연속성을 가지고 여러 날 동안 반복되도록 하며 다양한 측면에서 균형을 고려하여 계획해야 한다. 주간보육계획안도 연간보육계획안과 마찬가지로 영유아의 흥미, 날씨 등의 주변의 상황의 변화에 따라 융통성을 가질 수 있다. 특별히 가정과 연계될 수 있도록 가정에서 부모와 함께할 수 있는 활동을 제시하거나 매주 가정으로 보내어 그 목표와 내용을 공유함으로써 보육의 효과를 높일 수 있다.

주간보육계획을 수립하는데 고려할 사항은 다음과 같다.

① 주간보육계획은 연간, 월간보육계획을 바탕으로 해서 연계하여 작성하도록 한다.

② 각 반별로 상황에 맞춰 영유아의 발달 수준 및 흥미, 경험에 따라 융통성 있게 작성한다.

③ 새로운 활동을 한 주가 시작하는 월요일에 배치하기보다는 새로운 활동은 기존 친숙한 활동을 진행한 후 균형 있게 배치해야 한다.

④ 영아의 경우는 월령별로 차이가 많이 나는 경우가 발생하므로 영아의 발달 수준 및 개인차를 충분히 고려하여 계획을 수립해야 한다.

<table>
<tr><td colspan="8">주 간 보 육 계 획 안 (○월 ○주) 예시
○○ 반 (만 0 세)　　　담임 : ○○○ 선생님</td></tr>
<tr><td colspan="2">주　제</td><td colspan="2">까꿍 놀잇감</td><td>계획 기간</td><td colspan="3">2000년 0월 0일~2000년 0월 0일</td></tr>
<tr><td colspan="2">목　표</td><td colspan="6">• 사물이 있고 없음의 상황을 이해한다.
• 다양한 까꿍놀이를 경험한다.</td></tr>
<tr><td colspan="2" rowspan="2">요일
영역별 활동</td><td>월요일
(0/0)</td><td>화요일
(0/0)</td><td>수요일
(0/0)</td><td>목요일
(0/0)</td><td>금요일
(0/0)</td><td>토요일
(0/0)</td></tr>
<tr><td>까꿍 놀잇감</td><td>까꿍 놀잇감</td><td>까꿍 놀잇감</td><td>까꿍 놀잇감</td><td>까꿍 놀잇감</td><td>통합
보육</td></tr>
<tr><td colspan="2">등원 및 맞이하기</td><td colspan="5">– 까꿍놀이를 하며 맞이해요</td><td></td></tr>
<tr><td rowspan="3">일상적
양육</td><td>수유 및
이유식</td><td colspan="5">– (먹기)우유, 이유식을 먹고 물을 마셔요</td><td></td></tr>
<tr><td>낮잠</td><td colspan="5">– 이불로 까꿍놀이하며 기분 좋게 일어나요</td><td></td></tr>
<tr><td>기저귀
갈이</td><td colspan="5">– 기저귀 갈며 선생님과 까꿍놀이해요</td><td></td></tr>
<tr><td rowspan="3">실내
자유
놀이</td><td>신체</td><td colspan="5">– (대근육)두더지 놀이를 해요
– (소근육)상자 속에 숨어 있는 놀잇감을 찾아요
– (소근육)컵 속에 무엇이 있을까</td><td></td></tr>
<tr><td>언어</td><td colspan="5">– (읽기,듣기,말하기 I)덮개가 있는 그림책을 봐요
– (읽기,듣기,말하기 II)덮개가 있는 그림책을 보며 '까꿍'이라고 말해요
– (읽기,말하기)부분만 보고 알아요
– (듣기,말하기)베이비사인: 까꿍
– (쓰기)끼적이면 보여요</td><td></td></tr>
<tr><td>감각
탐색</td><td colspan="5">– (음악,동작)'꼭꼭 숨어라' 노래 들으며 율동해요
– (쌓기)수건 블록 뒤에 숨어요
– (역할)까꿍 인형으로 놀아요
– (탐색)거울 보며 까꿍놀이해요
– (미술)내 얼굴 사진에 스티커를 붙여요</td><td></td></tr>
<tr><td colspan="2">실외
놀이</td><td colspan="5">– (산책)나무 뒤에 몸을 숨겨요
– (실외 놀이)나뭇잎으로 까꿍놀이해요
– (실내 대체 활동)미끄럼틀 까꿍놀이</td><td></td></tr>
<tr><td colspan="2">기본 생활 습관</td><td colspan="5">– 선생님의 도움을 받아 포크를 사용해요</td><td></td></tr>
<tr><td colspan="2">안전 교육</td><td colspan="5">– (약물)약은 정해진 약만 먹어요</td><td></td></tr>
<tr><td colspan="2">귀가 및
가정과의 연계</td><td colspan="5">– 손으로 까꿍놀이하며 만나요</td><td></td></tr>
</table>

출처: 이삭어린이집(2018).

<table>
<tr><td colspan="8">주 간 보 육 계 획 안 (○월 ○주) 예시
○○ 반 (만 1 세) 담임 : ○○○ 선생님</td></tr>
<tr><td colspan="2">주 제</td><td colspan="2">바깥놀이는 재미있어요 1</td><td>계획 기간</td><td colspan="3">2000년 0월 0일~2000년 0월 0일</td></tr>
<tr><td colspan="2">목 표</td><td colspan="6">• 바깥놀이에 관심을 가지고 즐겁게 참여한다.
• 주변에서 볼 수 있는 다양한 자연물을 이용해 놀이한다.</td></tr>
<tr><td colspan="2" rowspan="2">요일
영역별 활동</td><td>월요일
(0/0)</td><td>화요일
(0/0)</td><td>수요일
(0/0)</td><td>목요일
(0/0)</td><td>금요일
(0/0)</td><td>토요일
(0/0)</td></tr>
<tr><td>바깥놀이는 재미있어요 1</td><td>바깥놀이는 재미있어요 1</td><td>바깥놀이는 재미있어요 1</td><td>바깥놀이는 재미있어요 1</td><td>바깥놀이는 재미있어요 1</td><td>통합 보육</td></tr>
<tr><td colspan="2">등원 및 맞이하기</td><td colspan="5">– 떨어진 낙엽을 주워 와요</td><td></td></tr>
<tr><td rowspan="3">일상적 양육</td><td>점심 및 간식</td><td colspan="5">– (씻기)친구와 함께 손을 씻어요</td><td></td></tr>
<tr><td>낮잠</td><td colspan="5">– '숲의 정경' 들으며 잠들어요</td><td></td></tr>
<tr><td>기저귀 갈이/ 배변 활동</td><td colspan="5">– 내 팬티가 있어요</td><td></td></tr>
<tr><td rowspan="4">실내 자유 놀이</td><td>신체</td><td colspan="5">– (대근육)나무처럼 팔 벌려요 쭉쭉!
– (대근육)매달린 잠자리에 점프해요
– (소근육)낙엽을 잡아요</td><td></td></tr>
<tr><td>언어</td><td colspan="5">– (읽기,듣기,말하기)동화: 재미있는 바깥놀이
– (읽기,듣기,말하기 Ⅰ)자연물 사진 카드를 봐요
– (읽기,듣기,말하기 Ⅱ)자연물 사진 카드를 보고 말해요
– (쓰기,말하기)내가 산책하는 사진 위에 끼적여요</td><td></td></tr>
<tr><td>역할 쌓기</td><td colspan="5">– (쌓기)낙엽 블록이 있어요
– (역할)가방 메고 소풍 가요</td><td></td></tr>
<tr><td>감각 탐색</td><td colspan="5">– (음악,동작)'윙윙윙' 동요 들으며 잠자리처럼 움직여요
– (미술)나뭇잎으로 인디언 머리띠를 만들어요
– (탐색)가을 열매를 탐색해요</td><td></td></tr>
<tr><td colspan="2">실외 놀이</td><td colspan="5">– (산책)낙엽 소리를 들어 보아요
– (실외 놀이)끌차에 자연물을 넣어 놀이해요
– (실내 대체 활동)달팽이가 되어 터널을 기어가요</td><td></td></tr>
<tr><td colspan="2">기본 생활 습관</td><td colspan="5">– 바깥놀이한 뒤에는 앉아서 쉬어요</td><td></td></tr>
<tr><td colspan="2">안전 교육</td><td colspan="5">– (약물)약은 정해진 약만 먹어요</td><td></td></tr>
<tr><td colspan="2">귀가 및 가정과의 연계</td><td colspan="5">– 어린이집 주변을 산책하며 집으로 가요</td><td></td></tr>
</table>

출처: 이삭어린이집(2018).

<table>
<tr><td colspan="8">주 간 보 육 계 획 안 (○월 ○주) 예시
○○ 반 (만 2 세) 담임 : ○○○ 선생님</td></tr>
<tr><td colspan="2">주 제</td><td colspan="2">가을 나들이</td><td>계획 기간</td><td colspan="3">2000년 0월 0일~2000년 0월 0일</td></tr>
<tr><td colspan="2">목 표</td><td colspan="6">• 가을 나들이를 통해 가을의 자연환경을 경험한다.
• 주변 자연환경에 관심을 가진다.</td></tr>
<tr><td colspan="2" rowspan="2">요일
영역별 활동</td><td>월요일
(0/0)</td><td>화요일
(0/0)</td><td>수요일
(0/0)</td><td>목요일
(0/0)</td><td>금요일
(0/0)</td><td>토요일
(0/0)</td></tr>
<tr><td>가을 나들이</td><td>가을 나들이</td><td>가을 나들이</td><td>가을 나들이</td><td>가을 나들이</td><td>통합 보육</td></tr>
<tr><td colspan="2">등원 및 맞이하기</td><td colspan="5">– 어린이집에 누구와 왔는지 이야기해요</td><td></td></tr>
<tr><td rowspan="3">일상적 양육</td><td>점심 및 간식</td><td colspan="5">– (먹기)즐거운 마음으로 맛있게 먹어요</td><td></td></tr>
<tr><td>낮잠</td><td colspan="5">– 내 이불을 펼 수 있어요</td><td></td></tr>
<tr><td>배변 활동</td><td colspan="5">– 스스로 옷을 내리고 올려요</td><td></td></tr>
<tr><td rowspan="6">실내 자유 놀이</td><td>신체</td><td colspan="5">– (대근육 Ⅰ)나뭇잎처럼 움직여요
– (대근육 Ⅱ)떨어지는 나뭇잎처럼 움직여요
– (대근육)동네 길 따라 움직이기
– (소근육)낙엽 꼬치를 만들어요</td><td></td></tr>
<tr><td>언어</td><td colspan="5">– (읽기,듣기,말하기)말놀이: 가을 동산
– (듣기,말하기)가을 나들이 사진을 보며 이야기해요
– (쓰기)가을 음악을 들으며 끼적여요</td><td></td></tr>
<tr><td>역할 쌓기</td><td colspan="5">– (쌓기)돗자리를 만들어요
– (역할)가을 소풍을 가요</td><td></td></tr>
<tr><td>감각 탐색</td><td colspan="5">– 과일의 반쪽을 찾아요</td><td></td></tr>
<tr><td>미술</td><td colspan="5">– 잠자리를 만들어요</td><td></td></tr>
<tr><td>음률</td><td colspan="5">– (음악,동작)'아기 다람쥐 또미' 들으며 악기 연주해요</td><td></td></tr>
<tr><td colspan="2">실외 놀이</td><td colspan="5">– (산책)낙엽 냄새를 맡아요
– (실외 놀이)납작한 돌멩이를 쌓아요
– (실내 대체 활동)훌라후프 기차놀이</td><td></td></tr>
<tr><td colspan="2">기본 생활 습관</td><td colspan="5">– 버스를 타고 내릴 때 차례를 지켜요</td><td></td></tr>
<tr><td colspan="2">안전 교육</td><td colspan="5">– (약물)정해진 약만 먹어요</td><td></td></tr>
<tr><td colspan="2">귀가 및 가정과의 연계</td><td colspan="5">– 가을 날씨를 이야기하며 귀가해요</td><td></td></tr>
</table>

출처: 이삭어린이집(2018).

주 간 보 육 계 획 안 (○월 ○주) 예시

○○ 반 (만 3~5 세)　　　　담임 : ○○○ 선생님

주 제	풍성한 가을	계획기간	2000년 0월 0일~2000년 0월 0일
목 표	• 가을 곡식과 열매에 대해 관심을 가진다. • 벼가 쌀이 되는 과정에 대해 관심을 가진다. • 음식을 소중히 여기는 마음을 가진다. • 가을이 되면 가을걷이가 이루어짐을 안다.		• 가을걷이에 대해 설명할 수 있다. • 가을 열매와 곡식으로 만든 음식에 흥미를 가진다. • 가을 논밭의 모습에 흥미를 가진다.

요일 / 영역별 활동		월요일(0/0)	화요일(0/0)	수요일(0/0)	목요일(0/0)	금요일(0/0)	토요일(0/0)
		가을의 곡식 알아보기	가을의 열매 알아보기	곡식과 열매가 자라요	가을걷이를 해요	풍성한 가을 음식	통합 보육
자유선택 활동	쌓기	– 가을 논밭을 꾸며요					
	역할	– 가을 논밭의 농부가 되어요					
	언어	– 가을 곡식과 열매로 만드는 음식 책					
	수/조작	– 가을 열매가 열렸어요 – 가을 곡식과 열매를 옮겨요			– 가을 열매 패턴 목걸이 – 가을 곡식과 열매를 옮겨요		
	음률	– 가을 열매 박수놀이					
	미술	– 가을 곡식으로 꾸며요　– 허수아비를 만들어요					
	과학	– 가을에 만나요 콩콩콩!					
대소집단 활동	이야기 나누기	– 벼에서 쌀이 생겨요	– 가을열매를 알아요	– 가을의 농촌 풍경		– 가을 곡식과 열매로 만든 음식	
	동시 동화 동극				– (동화)커다란 순무		
	게임 신체 표현	– (신체)춤추는 쌀알					
	요리					–(요리)고구마 맛탕	
	음악			– (동요)밀과 보리가 자라네			
	미술		– (미술)가을 열매 플레이콘 모자이크		– (미술)휴지를 지키는 허수아비		
실외 놀이		– 허수아비와 참새 – (실내 대체 활동)나는야, 가을 열매				– (현장 학습)쌀을 만나요 –(실내 대체 활동) 나는야, 가을 열매	
안전 교육			– 문을 열어 주면 안 돼요		–아동 권리 방패를 지키는 방법		
기본 생활 습관		–약속은 꼭 지켜요					

출처: 이삭어린이집(2018).

4. 일일보육계획 및 보육실습일지 작성법

영유아기는 한 영역의 발달이 다른 영역 발달에 영향을 주는 통합적인 특성을 가지고 있으며 생활 속 다양한 경험들을 통합시키는 특성이 있다. 하루 일과 계획을 할 때 일정한 패턴으로 진행되도록 하며 일정한 시간은 영유아의 신체적인 욕구(화장실 가기, 간식 먹기, 낮잠 자기 등)가 반영되어야 한다. 또한 프로그램은 철학에 근거하여 실외 활동/실내 활동, 정적 활동/동적 활동, 대소집단 활동, 교사 선택 활동/유아 선택 활동 등 성격이 다른 프로그램을 교차하여 일관성과 융통성이 있게 다양한 유형의 상호작용이 일어나도록 수립해야 한다.

일일보육계획을 수립하기 위해 고려해야 할 사항은 다음과 같다.

① 영유아의 발달에 맞춰 활동을 계획해야 한다(예: 영아들의 경우 대집단보다 개별 활동 중심).
② 유아반의 경우 지나친 대집단 활동에 치우치기보다는 균형 있는 하루 일과의 활동이 진행되도록 수립해야 한다.
③ 교사의 주도적 활동보다는 영유아 활동을 중심으로 고려하여 계획한다.
④ 자유선택 활동은 영유아 모두 충분히 경험할 수 있도록 수립해야 한다(영유아 2시간 30분 이상).
⑤ 실외 활동은 연령별 기준 시간에 맞게 배정하여 계획한다(만 0세 주 3회 30분/ 만 1세 매일 30분 이상/ 만 2세 매일 1시간 이상)/ 유아 매일 1시간 이상).

목표
주간보육계획에 기초하여 기록하되 하루 동안 영아들이 경험하게 될 보육 목표(지식, 가치 및 태도, 기능적 측면)로 제시하여야 한다.
예) 몸을 움직이며 즐거움을 느낀다(지식 가치 태도), 신체로 표현하기를 시도한다(기능)

등원 및 맞이하기
매일 일과 속에 반복적으로 이루어지는 하루 일과 중 가장 먼저 진행되는 과정이다.

손 씻기 및 오전간식
매일 일과 속에 이루어지는 기본생활 습관중의 하나이므로 매일 반복적으로 이루어지는 활동이다.

보육실습일지 (영아반 예시)				결재	실습생	지도 교사	원장
					㊞	㊞	㊞
반명	○○반 / 만 0세	일시	2000년 00월 00일 (0요일)				
날씨	비	결석 영유아	이 ○○(감기)				
주제	움직이며 놀이해요	소주제	통 · 상자놀이 1				
목표	• 몸을 움직이며 즐거움을 느낀다. • 신체로 표현하기를 시도한다.						

시간 및 일과		활동 계획 및 실행	평가 및 유의점
등원 및 맞이하기 (~09:00)		• 선생님과 친구(또는 부모님)에게 인사하기 • 등원하는 영아를 따스하게 맞이한다. • 영아의 기분과 건강 상태 및 투약 의뢰서를 확인한다. • 자유선택 놀이하기	영아의 건강 상태를 확인하고 따스하게 맞이한다.
손 씻기 및 오전 간식 (09:00 ~09:20)		• 오전 간식: 채소 스틱, 우유 – 간식 그릇을 잡고 혼자서 포크나 숟가락을 사용해 먹어 본다. – 새로운 음식에 관심을 갖고 먹어 본다. – 간식을 먹고 입을 닦는다. – 간식 후 실내 환기를 한다.	채소를 안 먹는 영아에게 새로운 맛을 알려주고 먹기를 권유하였다.
오전 실내 자유놀이 (09:20 ~10:50)	신체	• 커다란 통을 썼다 벗으며 까꿍!(대근육) – 커다란 통을 보고 관심을 보이는지 관찰한다. – 커다란 통에 관심을 보이는 영아와 상호작용을 나눈다. – 커다란 통을 만져 보며 머리에 써 보기를 한다. – 커다란 통으로 까꿍놀이를 해 보며 있고 없고를 경험한다. • 상자를 열고 닫아요(소근육) – 상자를 제공하며 관심을 보이는 영아와 상호작용을 나눈다. – 상자의 뚜껑을 열고 닫고 반복해 본다. – 상자 속에 들어가 보며 뚜껑을 닫아 본다. – 영아가 반복적으로 놀이할 수 있도록 격려를 해 준다.	책장을 넘기며 책을 봐요(읽기,듣기,말하기)–영아들이 교실에 있는 책을 편하게 보고 놀이할 수 있도록 영아들과 상호작용을 하고 교사가 먼저 책을 보며 영아들이 관심을 가지도록 하였다. 동화책을 보며 언어 표현을 할 수 있도록 지속적으로 상호작용을 하였다.

<table>
<tr><td rowspan="3">오전 실내 자유놀이 (09:20 ~10:50)</td><td>언어</td><td>• 책장을 넘기며 책을 봐요(읽기,듣기,말하기)
– 동화책을 제공하고 영아가 관심을 가지는지 관찰한다.
– 그림책에 관심을 보이는 영아와 상호작용을 나눈다.
– 동화책을 보며 다양한 언어 표현을 경험할 수 있도록 돕는다.
– 영아가 다양한 언어 표현을 시도할 수 있도록 격려한다.
• 전지에 그림을 그려요(쓰기)
– 쓰기 도구와 전지를 제공하고 관심을 보이는지 관찰한다.
– 쓰기 도구에 관심을 보이는 영아와 상호작용을 나눈다.
– 쓰기 도구로 끼적이기를 시도한다.
– 영아가 마음껏 끼적이기를 해 보도록 격려한다.</td><td>상자에 스티커 붙이기(표현)–영아들에게 상자와 스티커를 제공하여 주고 교사가 먼저 스티커를 붙여 보면 영아들에 관심을 가지도록 하였다. 다양한 스티커를 붙이도록 권유하고 교사가 옷에도 붙여주며 스티커 붙이기에 즐거움을 가지도록 하였다.</td></tr>
<tr><td></td><td>• 상자를 쌓아요(표현)
– 상자를 제공하며 관심을 보이는지 관찰한다.
– 상자에 관심을 가지는 영아와 상호작용을 나눈다.
– 다양한 상자를 쌓아 보며 놀이한다.
– 놀이를 반복적으로 할 수 있도록 도움을 준다.</td><td></td></tr>
<tr><td>감각.
탐색
(표현)</td><td>• 데구르르 통을 굴러요(탐색)
– 통을 보여 주며 관심을 가지는 영아와 상호작용을 나눈다.
– 호기심을 가지는 영아와 통을 굴려 본다.
– 영아가 놀이를 반복적으로 할 수 있도록 도움을 준다.
• 상자에 스티커 붙이기(표현)
– 상자를 제공하고 영아가 관심을 보이는지 관찰한다.
– 관심을 보이는 영아와 상호작용을 나눈다.
– 상자에 다양한 스티커를 붙여 보며 놀이한다.
• 동물들에게 먹이를 쏘옥(탐색)
– 동물과 먹이를 영아에게 보여 주며 관심을 가지는지 살펴본다.
– 동물에 관심을 보이는 영아와 상호작용을 나눈다.
– 동물들이 좋아하는 먹이가 무엇인지 알려 주고 영아가 먹이 주기를 경험하게 한다.
– 반복적으로 놀이를 할 수 있도록 격려한다.</td><td></td></tr>
</table>

오전 실내 자유놀이
주간보육계획에 기초하여 이루어지는 활동이므로 영아들의 경우 한 주간 또는 경우에 따라서 한 달 동안 지속적으로 동일하게 이루어지도록 계획하기도 한다.

정리 정돈 배변 활동
정리 정돈은 영아들만 정리하도록 지시하는 것이 아닌 교사와 함께 정리 활동을 진행해 본다. 또한 기저귀 갈이 시 영아들이 긍정적 지원을 받도록 교사는 영아와 긍정적 언어 상호작용을 한다.

기저귀 안녕! 팬티야 반가워!
영아반의 경우 배변 활동은 중요한 부분이다. 별도로 구체적인 목표를 설정하여 활동 방법을 계획해 본다.

실외 놀이
영아들과의 실외 놀이 시 가장 중요한 부분은 안전이다. 반드시 의약품을 준비하며 이동할 시 영아들 스스로 판단하여 이동하기는 어려움이 있으니 대체 인력의 도움을 받아 안전하게 활동을 진행하도록 한다. 실외 활동 시 반드시 대체 활동도 계획해야 함을 기억한다.

정리 정돈 배변 활동 (10:50~11:00)	• 교사는 곧 놀잇감을 정리할 것임을 알려 주고, 정리 노래를 부르며 함께 정리한다. • 기저귀를 확인하고, 배변한 경우 영아의 배변을 칭찬하고 격려하며 기저귀를 교체한다. • 간단한 마사지로 영아와 애착을 형성한다. • 발달 단계에 따라 배변 훈련이 진행 중인 경우 변기에 앉아서 일을 볼 수 있도록 격려한다.	기저귀 갈이 시 영아들이 배변 활동을 긍정적으로 경험하도록 정서적 언어를 제시하였다(예: ㅇㅇ이야 아이 시원해요, 기분이 뽀송뽀송해요).
	● 기저귀 안녕! 팬티야 반가워! • 자연 탐구 〉 탐구하는 태도 기르기 〉 사물에 관심 가지기 〉 주변 사물에 관심을 가진다. • 자연 탐구 〉 수학적 탐구하기 〉 차이를 지각하기 〉 주변 사물의 차이를 지각한다. ■ 활동 목표 • 기저귀와 팬티를 탐색한다. • 팬티를 입는 방법에 관심을 가진다. ■ 활동 방법 ① '기저귀 안녕! 팬티야 반가워!' 동화를 보며 팬티에 관심을 가질 수 있도록 상호작용을 나눈다. ② 동화를 읽은 후 자신의 팬티를 찾아볼 수 있도록 격려한다. ③ 영아가 자신의 팬티를 입어 볼 수 있도록 격려한다.	영아가 동화를 통해 팬티에 대해 많은 관심을 가질 수 있었고, 팬티를 입어 보도록 도움을 주었다. 영아에 따라 팬티보다 기저귀에 더 관심을 가지는 모습을 보이기도 하였지만, 동화를 반복적으로 보면서 자연스럽게 팬티에 관심을 가지도록 교실에 비치하여 주었다.
실외 놀이 (11:00~11:40)	• 솔방울을 주워요(산책) – 영아에게 산책을 나갈 것임을 이야기한다. – 영아의 손을 잡고 천천히 이동해 본다. – 산책을 하면서 주변 자연환경에 관심을 보이는 영아와 상호작용을 한다. – 나무 주위에 떨어진 나뭇잎과 솔방울을 보고 관심을 가지도록 도움을 준다. • 상자 징검다리를 건너요(실내 대체 활동) – 상자 징검다리를 제공해 주며 상호작용을 나눈다. – 관심을 가지는 영아에게 놀이를 유도한다. – 영아의 손을 잡고 상자 위를 걸어 본다. – 놀이에 흥미를 보일 수 있도록 격려한다.	산책이 진행되어야 하는 날이었으나 날씨 관계로 인해 실내 대체 활동을 하였다. 교실에서 종이상자 블록으로 징검다리를 만들어 건너가 보기를 하고 블록에 붙어 있는 그림을 보고 즐겁게 활동을 하였다.
정리 및 손 씻기 (11:40~11:50)	• 교실로 안전하게 이동한다. • 비누와 개인 수건을 이용해 손을 깨끗하게 씻는다.	

		식단: 백미밥, 미역국, 치킨까스, 소스, 양상추 샐러드, 깍두기
점심식사 (11:50~12:20)	• 선생님의 도움을 받아 손을 씻는다. • 교사가 먹여 주는 이유식을 맛있게 먹어 본다. • 음식을 꼭꼭 씹으며 천천히 먹는다. • 새로운 반찬에 관심을 갖고 먹어 본다. • 이유식을 먹고 입을 닦아 준다. • 점심 식사 후 실내 환기를 한다.	식탁 의자를 준비하여 영아들이 밥을 먹을 수 있도록 준비하고 혼자서 먹겠다고 하는 영아에게 천천히 먹을 수 있도록 교사가 권유하고 입과 손을 닦아 주며 밥을 먹을 수 있도록 하였다.
이 닦기, 배변 활동 (12:20~13:00)	• 식사가 끝난 후 이 닦기 및 세수를 한다. • 기저귀를 확인하고, 배변을 한 경우 기저귀 갈이 공간에서 교체한다. • 영아의 배변을 칭찬, 격려한다. • 영아의 발달 단계에 따라 배변 훈련이 진행 중인 경우 영아용 변기에 앉아 볼 수 있도록 격려한다. • 오전 활동과 연계하여 영역별 자유놀이를 진행한다.	이 닦기는 교사의 도움이 필요하였으나 로션 바르기에서는 영아들 스스로 해 보고 싶은 영아들이 많아 스스로 할 수 있도록 하였다.
낮잠 준비 및 낮잠 (13:00~15:30) 맞춤형 보육	• 개별 침구를 준비한다. • 조명, 채광, 소음을 조절하여 편안하게 낮잠을 잘 수 있는 분위기를 조성한다. • 교사가 영아를 토닥여 주며 개별 수면 습관을 고려해 편안하게 잠들 수 있도록 돕는다. • 자장가를 들으며 편안하게 잠을 잔다.	대부분의 영아들이 개별 침구를 찾을 수 있었다.
	자고 일어나서 기지개를 켜요 • 기본 생활 〉 건강한 생활 〉 건강한 일상생활하기 〉 수면을 충분히 취한다. • 신체 운동 〉 신체 조절과 기본 운동하기 〉 기본 운동하기 〉 팔다리 뻗기, 흔들기 등 제자리 운동을 시도한다. ■ 활동 방법 ① 배변 상태를 확인하고 기저귀를 갈아 준 뒤, 낮잠 잘 준비를 돕는다. ② 영아의 등을 토닥거려 잠자는 것을 돕는다. ③ 잠에서 깬 영아의 팔과 다리를 주물러 주며 기지개를 켜 보도록 돕는다.	영아가 잠에서 깨는지, 아니면 다시 잠을 자야 하는지 교사가 파악할 필요가 있었으며, 더 자고 싶어 하는 경우에는 가볍게 토닥여 주어 휴식을 방해하지 않도록 하였다. 기지개를 켜 보도록 돕고, 영아가 활동하는 모습을 언어로 표현해 주며 기분 좋게 잠에서 깰 수 있도록 하였다.
낮잠 깨기 및 정리 정돈, 배변 활동 (15:30~16:00)	• 낮잠에서 깨면 교사가 안아 주고, 마사지를 해 주며 기분 좋게 일어날 수 있도록 돕는다. • 영아의 개별 침구를 정리한다. • 기저귀를 확인하고, 배변을 한 경우 기저귀 갈이 공간에서 영아의 배변을 칭찬하고, 격려하며 기저귀를 교체한다. • 발달 단계에 따라 배변 훈련이 진행 중인 경우 변기에 앉아 볼 수 있도록 격려한다.	영아들이 낮잠에서 자연스럽게 일어나도록 노래를(상어가족) 틀어 놓으니 영아들이 웃으며 일어났다.

점심 식사
식사 시 영아들의 개별차를 고려하여 지도함이 중요하다. 음식은 흘리더라도 조금씩 제공해 주고 영아들 스스로 먹을 수 있도록 지도하며, 흘린 음식물을 휴지로 닦아 보는 활동도 해 보도록 한다.

맞춤형 보육
맞춤형 보육은 기관마다 다르게 시간을 정해 놓고 진행할 수 있다. 기관의 사정에 따라 작성하록 한다.

손 씻기 및 오후 간식 (16:00~16:30)	• 수유 및 이유식 – 손을 씻고 식탁 의자에 앉아 턱받이를 한다. – 선생님과 눈을 맞추며 편안한 마음으로 이유식을 먹는다. – 기저귀를 개인별로 확인한다.	오후 간식: 케이크, 주스 부드러운 케이크의 맛을 느끼게 하고 흘리며 먹지 않도록 도움을 주었다.
오후 실내 자유놀이 (16:30~18:00)	• 영아의 개인 흥미에 따라 실내 자유놀이를 진행한다. • 오전 활동과 연계하여 영역별 자유놀이를 진행한다.	오전 활동과 연계하여 영역별 놀이 활동을 하였다.
통합 보육 및 개별 귀가 (18:00~)	• 개인 소지품을 챙기고 귀가 준비를 한다. • 자유놀이를 하거나 편안하게 휴식을 취한다. • 부모(보호자)가 오면 반갑게 맞이하고 영아에 대해 안내하며 개별 귀가한다.	개인 소지품 중 옷은 스스로 찾아 가지고 교사에게 올수 있었다.
실습생 평가	• 영아들이 기본 생활 습관 지도 시(배변 또는 식사 지도) 개별 차이가 있어 어려움이 있었다. • 하루 일과 중에서 활동을 많이 제시하기보다는 영아의 특성을 고려하여 개별적인 흥미와 관심을 제시해 줌으로써 영아들이 보다 안정적으로 교실에서 활동하는 모습을 경험할 수 있었다. • 영아들의 낮잠자기와 깨기는 충분한 휴식 공간과 안정된 분위기를 조성해 주어야 영아들이 충분한 휴식을 취할 수 있음을 알았다.	
지도 교사 조언 및 평가	• 영아들은 많은 활동 중 기본 생활 습관 및 일상생활이 매우 중요합니다. 매일 반복되는 활동이며 같은 활동이라도 영아들의 건강 관리에 매우 중요한 부분을 차지하기도 합니다. • 어린 영아일수록 월령별로 다소 차이가 있으므로 영아들의 개별적 발달을 잘 고려하여 활동을 제시해 주어야 합니다. • 모든 활동 시 영아들에게 정서적으로 안정된 분위기를 조성해 줌으로써 영아의 긍정적인 발달에 도움을 주어야 합니다.	

실습생 평가
- 보육 일과 중에 새롭게 배웠던 지도 교사와 영아 상호작용 내용
- 영아의 발달적 특성 내용
- 실습생으로서의 역할과 자세에 대한 자기 평가
- 계획대로 실행되지 않았던 원인 분석 내용
- 지도 교사가 지시한 업무 수행 시 배운점
- 일과 운영 및 상호작용에 대해 궁금한 사항

지도 교사 조언 및 평가
- 실습생의 역할 수행에 대해 구체적으로 평가
- 실습생에게 명확하고 깊이 사고하도록 되물어보기
- 실습생의 평가란 질문에 대해 전문적으로 답변해 주기
- 실습생의 역할을 구체적으로 알려주기
- 실습생에게 영아 지도 과정의 다양한 실수나 어려움에 대해 적절한 답을 제공하고 용기 북돋아 주기

보육실습일지 (유아반 예시)				실습생	지도교사	원장
				㊞	㊞	㊞
반명	ㅇㅇ반 / 만 5세	일시	2000년 00월 00일 (0요일)			
날씨	흐린 후 맑음	결석 영유아	김 ㅇㅇ(여행)			
주제	우리나라	소주제	우리나라 역사와 자랑거리			
목표	• 우리나라 역사와 우리나라를 빛낸 사람들에 관심을 갖는다					

시간 및 활동명	활동 계획 및 실행	평가 및 유의점
등원 및 통합 보육 (~09:00)	• 함께 등원하는 친구와 인사를 나눈다. • 소지품을 정리한다. • 유아의 건강 상태를 살핀다. • 관심 있는 영역에서 자유롭게 활동하기	등원하는 유아들 자신의 소지품을 스스로 정리하도록 교사가 개별적으로 부드럽게 말한다.
오전 간식 (09:00~09:30)	• 화장실에서 손을 씻는다. • 간식을 맛있게 먹는다. • 간식을 먹은 후 먹은 자리를 정리 정돈한다.	간식: 오이와 치즈 간식을 먹으면서 채소를 먹는 것에 대한 자부심을 느끼는 유아들을 확인하였다.
자유선택 활동 (09:30~10:40)	★ 쌓기 영역 (첨성대 만들기) – 첨성대 사진 자료를 보며 경험이나 생각에 대해 이야기 나눈다. – 여러 가지 블록으로 첨성대를 구성한다. – 별자리 화보와 함께 첨성대의 기능을 안다. ★ 역할 영역 (다 같이 탈춤을 춰요) – 우리나라 민속춤과 관련된 그림 자료를 보여주며 이야기를 나눈다. – 탈춤 사진 또는 동영상을 보여 준다. – 준비된 소품을 살펴보고 친구와 함께 배역을 정한다. – 배역을 맡은 유아들이 나와서 자신의 역할에 맞는 대사를 하며 탈춤을 춘다. ★ 조형 영역 (탈을 만들어요) – 우리나라의 다양한 탈의 종류를 알아본다. – 탈의 명칭과 특징을 알고 여러 가지 재료를 사용해서 탈을 꾸며 본다. – 내가 만든 탈을 쓰고, 여러 영역에서 놀이를 한다.	★ 쌓기 영역 친구들과 무엇을 만들지 고민하고 친구들과 목표를 정한 후 협동하여 쌓기놀이를 하는 것을 보았다. ★ 조형 영역 유아가 원하는 미술 대상(교구)을 정하여 최대한 똑같이 그리려고 노력하는 모습 확인하였다. 어떤 유아는 "저는 그림 못 그려요."라고 말하면서 자신의 자존감을 낮추어 그리기 활동에 대해 소극적인 모습을 보였다. 유아에게 그림에 대해 즐겁고 쉽게 그리는 방법을 지도하고 격려하였다. 다음에는 칭찬과 격려를 통해서 유아들이 활동에 흥미를 느낄 수 있도록 해야 하겠다.

목표
주간보육계획에 기초하여 기록하되 하루 동안 영아들이 경험하게 될 보육목표(지식, 가치 및 태도, 기능적 측면)를 구체적으로 제시하여야 한다.
예)돌과 흙을 보전해하는 하는 이유와 방법을 알아본다(지식), 돌과 흙을 보화는 방법 실천한다(기능적), 자연의 일부인 돌과 흙을 사랑하는 마음을 가진다(가치 및 태도)

등원 및 통합 보육
하루 일과 중 매일 반복적으로 이루어지는 활동이다. 어린이집의 다양한 상황에 다라 다르게 나타날 수도 있지만 등원 시 체크할 사항은 유아의 상황, 질병 발생 유무 및 학부모의 언어전달 등이다.

오전 간식
오전간식은 제공된 메뉴를 기록하며 유아들이 손 씻기를 통하여 위생건강 및 기본 생활 습관을 지도한다.

자유선택 활동
유아들의 상황을 보고 흥미 중심으로 영역을 배치하며, 당일에 추가되는 교구는 유아에게 소개하여 활동 방법 및 영역 배치를 유아들과 함께 결정해 본다.

정리 정돈
놀이 후 정리 정돈은 시간을 충분히 할애하여 유아들 스스로 정리할 수 있도록 한다.

점심
점심 시간에 제공되는 메뉴를 기록하며 올바른 식생활 습관을 기르도록 구체적인 목표를 세워 지도한다.

자유선택 활동
오전에 활동했던 자유선택 활동과 연결하여 진행하도록 한다.

자유선택 활동 (09:30~10:40)	★ 언어 영역 (알에서 태어난 사람 이야기, 나라를 세운 이야기) – 박혁거세에 대한 유아의 경험을 이야기 나눈다 – 부채 책을 제시하고 교사와 함께 또는 자유롭게 읽어본다. – 건국 신화 이야기 말하기가 익숙해지면 판소리처럼 리듬을 넣어 말하기 활동을 해 본다. • 동시 (탈) – 탈에 대한 느낌을 자유롭게 이야기 한다. – 교사가 읊어주는 동시를 감상한다. – 동시를 감상한 후 느낌을 이야기 나눈다.	
	★ 수 · 조작, 과학 영역 (우리나라 옷 한복 입히기, 우리나라 꽃 무궁화) • 우리나라 옷 한복 입히기 – 한복에 대해서 알아본다. – 한복 부분 그림을 차례대로 붙이면서 옷 입히는 순서를 알아본다. – 한복 입는 순서에 따라 옷을 입힌다. • 우리나라 꽃 무궁화 – 우리나라의 상징에 대하여 이야기 나눈다. – 활동 방법과 여러 가지 준비물을 알아본다. – 무궁화를 관찰하고 관찰한 내용을 글이나 그림으로 표현해 본다.	
	★ 음률 영역 (탈놀이에 나오는 굿거리 장단) – 탈놀이에 사용되는 반주 악기에 대해 이야기 나눈다. – 탈놀이 장단인 굿거리 장단에 대해 이야기 나눈다. – 장구를 치는 방법을 알아본다. – 장구로 굿거리 장단을 쳐 본다.	
정리 정돈 (10:40~10:50)	– 놀잇감을 정리한다. – 자유선택 활동을 평가한다	
실외 활동 (10:50~11:50)	• 무궁화 꽃이 피었습니다. – '무궁화 꽃이 피었습니다' 놀이를 해 본 경험을 이야기 나눈다 – 술래를 정하고 술래는 술래 머리띠를 쓴다. – 친구들과 '무궁화 꽃이 피었습니다' 놀이를 한다.	놀이에 대한 이해도가 높았고 친구들과 잘 어울리며 적극적으로 참여하는 모습을 보였다.
	• (대체 활동) 태극기를 잡아라	
손 씻기/ 배변 활동/ 점심 식사/ 양치질하기 (11:50~13:00)	• 배변 활동 및 손 씻기 – 차례 지켜 배변 활동하기 – 유아 스스로 손 씻기를 한 후 마지막에 교사 손 씻기 • 점심 식사 – 오늘의 점심 식단을 알아본다. – 점심 먹을 준비를 한다. – 바른 자세로 점심을 먹는다. – 점심을 먹은 후 식판과 자리 주변을 정리한다. – 양치질을 한다.	점심: 흑미밥, 달걀 파국, 임연수살 조림, 무나물, 배추김치 반찬으로 나온 김치를 먹으려고 노력하며 식사를 남기지 않고 먹으려고 스스로 노력하는 모습이 대견스럽다.
자유선택 활동 (13:00~13:30)	– 하고 싶은 놀이를 계획한다. – 오전의 자유선택 활동과 연계하여 자유롭게 놀이한다. – 놀이감을 정리하고 자유선택 활동을 평가한다.	전의 자유선택 활동과 연계하여 활동한다.

구분	활동 내용	평가
대소그룹 활동 13:30~14:30	★ 음률 활동 • 굿거리 장단을 알아본다. – 장구의 모양을 살핀다. – 우리나라의 장단에 대해 알아본다. – 굿거리 장단을 장구에 맞춰 소리를 들어 본다. – 장구로 굿거리를 장단을 쳐 본다. – 다 같이 소리를 맞춰 함께 쳐 본다. – 느낌이 어떤지 말해 본다.	★ 음률 활동 유아들이 장구 앞에 앉자마자 자율적으로 채로 장구를 두들겨 본다. 초반에는 주의 집중이 잘 이루어지지 않았지만 굿거리 장단 소리를 들려 준 후 유아들의 집중도가 높았으며 활동에 임하는 자세 역시 좋았다. ★ 독서 교사의 질문에 유아가 적극적으로 답변하였으며, 어려운 주제지만 동화를 통해 자연스럽게 이해하였다.
	★ 독서 • 얼쑤 우리의 자랑 사물놀이 – 그림책의 표지를 보며 내용을 상상해 본다. – 책의 내용을 들려 준다. – 그림을 보며 내용을 회상한다. – 그림책의 내용을 회상하며 이야기 나눈다.	
오후 간식 (14:30~15:30)	• 화장실에서 손을 씻는다. • 간식을 맛있게 먹는다. • 간식을 먹은 후 정해진 장소에 정리하고 손과 입 닦기	간식: 잔치국수 유아들이 국수면을 매우 선호하였다.
실외 놀이 (15:30~16:40)	• 실외 놀이터 – 실외 놀이터로 이동해, 지켜야 하는 약속을 알아본다. – 실외 놀이터에서 안전하게 놀이하는 방법을 알아본다. – 약속을 지키며 안전하게 놀이한다. – 놀이를 마무리하고 교실로 이동한다. • (대체활동)교실의 자유선택 영역에서 자유롭게 놀이한다.	실외 기구를 이용하여 또래들끼리 매우 즐겁게 활동하였다. 안전하게 활동할 수 있도록 지원하였다.
자유선택 활동 (16:40~18:00)	• 하고 싶은 놀이를 계획한다. • 오전의 자유선택 활동과 연계하여 자유롭게 놀이한다. • 놀이감을 정리하고 자유선택 활동을 평가한다.	전의 자유선택 활동과 연계하여 활동하였다.
귀가 지도 및 통합 보육 (18:00~)	• 오늘 하루 일과를 회상한다. • 내일의 활동을 알아본다. • 인사 후 귀가한다.	순차적으로 귀가 할 수 있도록 도와주었다.
실습생 평가	• 대집단 활동 중 굿거리 장단에 맞춰 유아들이 즐겁고 흥겨워 하는 모습이 감동적이었다. • 독서 활동에서 '실습생도 어려운 내용인데 유아들이 이해할 수 있을까?'라는 선입견을 가지고 있었다. 지도 교사가 나의 선입견을 예견하고 미리 아이들과 사물놀이 노래 한 곡을 불러 줌으로써 그 선입견을 버리고 그 활동에 함께 동참할 수 있었다. • 점심 시간에 유아들이 먹기 싫은 음식을 먹도록 지도할 때 많은 양을 주기보다는 처음에는 작은 양을 배식하여 유아들이 부담감을 갖지 않도록 지도하는 모습을 배울 수 있었다.	
지도 교사 조언 및 평가	• 장구는 언뜻 보기에 소리가 사람들의 귀를 시끄럽게 할 수도 있지만 유아들의 관점에서 보면 매우 흥미로운 활동 중 하나입니다. 더군다나 우리 고유 장단인 굿거리 장단은 유아들이 매우 즐기며 소속감과 통일감을 부여해 주는 활동이기도 합니다. 유아들과 함께 활동할 때는 가르치기보다는 함께 즐긴다는 마음으로 임해야 좋은 교사상이 될 것이라 생각됩니다. • 대체적으로 유아들이 편식하는 경우가 가끔 있는데 유아기에 영양은 전인적 발달에 매우 중요합니다. 인위적이거나 억지로 먹도록 지도하는 것보다 즐거운 마음으로 음식을 섭취하는 경험을 갖도록 하는 것이 영유아기 때 매우 중요합니다.	

오후 간식
제공된 간식을 기록하며 풍성한 상호작용 속에서 즐겁게 먹도록 한다.

실외 놀이
실외 활동은 안전지도와 함께 이루어지도록 한다.

실습생 평가
–보육 일과 중에 새롭게 배웠던 지도 교사와 유아 상호작용 내용
–유아의 발달적 특성 내용
–실습생으로서의 역할과 자세에 대한 자기 평가
–계획대로 실행되지 않았던 원인 분석 내용
–지도 교사가 지시한 업무 수행 시 배운점
–일과 운영 및 상호작용에 대해 궁금한 사항

지도 교사 조언 및 평가
–실습생의 역할 수행에 대해 구체적으로 평가
–실습생에게 명확하고 깊이 사고하도록 되물어보기
–실습생의 평가란 질문에 대해 전문적으로 답변해 주기
–실습생의 역할을 구체적으로 알려 주기
–실습생에게 영아 지도 과정의 다양한 실수나 어려움에 대해 적절한 답을 제공하고 용기 북돋아 주기

5. 영역별 보육활동계획안

영역별 보육활동계획안은 활동명, 주제, 목표 및 흥미 영역을 구분해 기록하며 활동 내용란은 도입, 전개, 마무리 단계별로 영유아들의 발달 수준 및 흥미, 경험을 토대로 계획하도록 한다. 영아의 경우는 대집단보다는 개별 중심으로 탐색 및 음률을 중심으로 계획하며, 유아는 개별 또는 대소집단 중심으로 계획한다.

활동 목표
- 활동을 통해 영유아에게 기대되는 행동 및 기타 표현 등을 구체적으로 기록
- 표준보육과정에 들어가는 내용범주 등을 기록
-영유아들의 예상되는 상호작용을 기록

활동 방법
영역별활동방법은 단계적으로 계획한다.
1. 도입(탐색 및 소개)
2. 전개(활동방법 및 예상되는 영유아의 반응을 예상하며 기록)
3. 마무리(평가 및 확장)

활동 자료
- 수업을 진행할 때 사용하는 재료 등을 게시한다.
- 보육실습기관에서 기존에 사용하는 자료의 활용 여부를 알아본다.
- 제작이 필요하면 자료의 완성된 모습, 제작 방법 적절한 활용법, 교구의 안정성, 보관용이함 등을 구체적으로 기술

<table>
<tr><td colspan="8">영역별 보육활동계획안 (예시)</td></tr>
<tr><td rowspan="2">제출일</td><td colspan="2" rowspan="2">0 월 0일 0요일</td><td rowspan="2">결재</td><td>실습생</td><td>지도 교사</td><td>원장</td></tr>
<tr><td>㊞</td><td>㊞</td><td>㊞</td></tr>
<tr><td>실습생</td><td>김ㅇㅇ</td><td>지도 교사</td><td colspan="4">박ㅇㅇ</td></tr>
<tr><td>반 명</td><td>만 1세</td><td>일 시</td><td colspan="4">0월 0일 0요일 / 오전 10:30~10:50</td></tr>
<tr><td>주 제</td><td>움직이며 놀이해요</td><td>소주제</td><td colspan="4">통 · 상자놀이 1</td></tr>
<tr><td>활동명</td><td>동물이 좋아하는 먹이 주기</td><td>흥미 영역/
활동 유형</td><td colspan="4">감각 탐색 / 신체 활동</td></tr>
<tr><td>● 활동 목표</td><td colspan="6">• 여러 동물을 탐색해요.
(자연 탐구 〉 탐구하는 태도 기르기 〉 탐색 시도하기 〉 사물에 대해 탐색을 시도한다)
• 동물에게 좋아하는 먹이를 주어요
(신체 운동 〉 신체 활동 참여하기 〉 멀리 있는 사물에 넣으며 신체 활동을 시도한다)</td></tr>
<tr><td colspan="5">● 활동 방법</td><td colspan="2">● 활동 자료</td></tr>
<tr><td colspan="5">[도입]
1. 영아들과 동물의 얼굴 보며 탐색해 본다.
T: (선생님이 고양이 가면을 쓰고) 야옹~야옹~ 어? 이게 무슨 소리지? 우리 친구들 무슨 소리죠?
C: 야옹이 에요.
T: (토끼 가면을 쓰고) 아야야~~ 누가 내 귀를 잡아 당기고 있지? 내 귀는 엄청 예쁜 귀야 얼마나 잘 들을 수 있는데…. 어머? 예쁜 친구들이 많이 있네! 친구들 안녕, 나는 누구일까?
C: 토끼요.
T: (다람쥐 가면을 쓰고) 다람 다람~ 나는 높은 나무도 씩씩하게 잘 올라가지. 무섭지 않아 나는 누구일까?
T: 다람쥐에요.</td><td colspan="2"></td></tr>
</table>

[전개]

T: 친구들 귀여운 동물들을 많이 알고 있네요. 참 잘했어요. 아이고 배야~ 엉? 동물 친구들이 배가 몹시 고파요. 어떻게 할까요?
C: 밥을 줘요.
T: 네 그럼 여기 동물들이 좋아하는 음식은 무엇일까요?

2. 동물의 먹이를 통에 넣어 본다.

T: (선생님이 동물 먹이통을 준비하여 보여 주며) 이건 누구에 먹이 일까?
C: 내가 내가 하고 싶어요.
T: 그래, ㅇㅇ아 물고기를 어떤 동물에게 주면 좋을까?
C: 여기요(ㅇㅇ이가 물고기를 고양이 바구니에 넣는다).
T: 친구들~ 고양이가 생선을 좋아하네요. 어때요?
C: 맞아요(다른 친구들이 모두 박수를 친다).
T: (당근을 들어 보이며) 그럼, 이 당근은 누가 먹으면 좋을까요?
C: 저요~(영아들이 앞으로 나오거나 손을 든다).
T: (손을 들어던 친구와 앞으로 나온 친구 두 명을 함께)ㅇㅇ이와 ㅇㅇ이가 함께 이 무거운 당근을 누구에게 줄까? 같이 넣어 보자.
C: 여기요(ㅇㅇ이와 ㅇㅇ이가 같이 토끼 바구니에 당근을 넣는다).
T: 친구들 어때요? 무거운 당근을 토끼 바구니에 넣어 주었어요. 토끼가 맛있게 먹을 수 있겠지요. 그럼 여기 도토리는 누가 먹으면 좋을까요?
C: 저요~(영아들이 앞으로 나와 서로 하려고 한다).
T: 아 친구들이 모두 하고 싶구나! 한 번도 안 해본 친구가 하면 어떨까요? 우리 ㅇㅇ이와 ㅇㅇ이가 함께해 보면 어떨까요? 그리고 다시 한 번 우리 친구들과 또 해 봐요.
C: (ㅇㅇ이와 ㅇㅇ이가 함께 도토리를 다람쥐 바구니에 넣는다)
T: 네~ 다람쥐가 너무 좋아할 것 같아요. 모두 참 잘 했어요.

[마무리]

3. 교사와 영아가 같이 좋아하는 동물이 되어 먹이를 가지고 놀이를 한다(확장 활동).

T: 선생님은 다람쥐야~ 도토리를 너무 좋아해요. 같이 먹어 볼까?
C: (아이들이 함께 나와 먹이를 주워 스스로 바구니에 넣어 본다)
T: ㅇㅇ아, 토끼처럼 깡충깡충 가서 좋아하는 먹이를 모아 볼까?
T: ㅇㅇ이가 먹이를 많이 주어서 배가 부르겠다.

• 부직포를 이용해 동물의 얼굴을 만들어서 라면 컵을 사용에 바구니를 만든다.

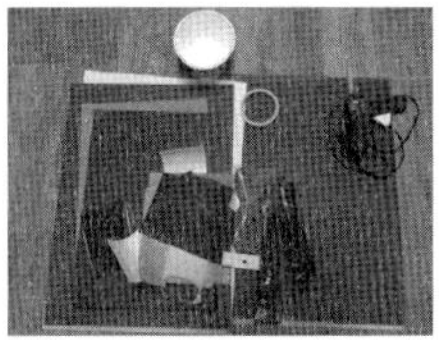

확장 활동	• 벽에 동물 먹이통을 붙여 놓고 먹이를 넣으며 신체 활동을 진행할 수 있다 .
유의 사항	• 부직포로 만든 먹이를 입에 넣지 않도록 주의한다. • 영아가 여러 가지를 한 번에 모두 넣지 않고 천천히 놀이 할 수있도록 한다.
계획안에 대한 지도 교사의 조언	• 열심히 잘 준비하셨습니다. 계획안의 도입, 전개, 마무리를 단계적으로 잘 진행하였습니다. 교구를 준비하면서 생각만큼 잘 지도가 이루어지지 않았더라도 훌륭한 수업이었습니다. 조금 아쉬운 점은 영아의 흥미 발달에 맞춰 영아 활동 중심으로 이루어졌더라면 주의 집중도가 높고 훨씬 더 즐거운 수업이 되었으리라 생각됩니다.
실행 후 실습생 평가	• 계획했던 만큼 영역별 활동 지도를 잘 이끌지 못해 아쉬웠다. 영아들의 경우 발달의 특성을 좀 더 구체적으로 숙지하지 못하고 실습생의 주도적인 수업 형태를 영아 중심으로 개선해야겠다. • 영아들의 집중도가 매우 낮았다. 대집단 수업보다는 개별 중심의 수업을 계획했더라면 하는 아쉬움이 남는다. • 활동 지도 시 영아들의 상호작용을 충분히 이끌어 내기보다는 내가 만든 교구에 더 집착함이 아쉬움으로 남는다. 다음에는 영아 활동 중심으로 활동을 개선하여 진행해야겠다.

지도 교사의 조언
실습생의 활동 지도를 관찰하며 평가한 사항, 보육실습생의 자기 평가에 대한 사항 및 추후지도 시 고려해야 할 점등을 종합 평가 기록

실행 후 실습생 평가
실습생은 활동목표의 성취여부와 활동지도 시 느낀 소감, 개선점 등을 기술

6. 교재·교구제작계획안

<table>
<tr><td colspan="7">교재·교구제작계획안 (유아반 예시)</td></tr>
<tr><td rowspan="2">제 작 일</td><td colspan="2" rowspan="2">0 월 0 일 0 요일</td><td rowspan="2">결
재</td><td>실습생</td><td>지도 교사</td><td>원장</td></tr>
<tr><td>㊞</td><td>㊞</td><td>㊞</td></tr>
<tr><td>주 제</td><td colspan="6">농부가 되어 가을 과일을 수확해요</td></tr>
<tr><td>교 구 명</td><td colspan="6">가을 과일</td></tr>
<tr><td>활동 유형</td><td>자유선택 활동 – 수 · 조작</td><td colspan="2">집단 구성</td><td>소집단</td><td>대상 연령</td><td>만 3~5세</td></tr>
<tr><td>교육 과정
관련 요소</td><td colspan="6">• 자연 탐구 〉 수학적 탐구하기 〉 수와 연산의 기초 개념 알아보기
• 자연 탐구 〉 과학적 탐구하기 〉 생명체와 자연환경 알기</td></tr>
<tr><td>기대되는
효과</td><td colspan="6">• 과일의 열매 성장에 필요한 요소들을 말해 보고 수의 기초 개념을 알 수 있다.</td></tr>
<tr><td>준 비 물</td><td colspan="6">농부와 과일나무 도안 4개, 현금 도안(1,000원 20개, 5,000원 5개, 10,000원 4개), 주사위
양면 테이프, 찍찍이, 테이프, 하드보드지, 코팅지, 뽕뽕이, 실, 바늘, 펠트지, EVA</td></tr>
<tr><td>제작 방법</td><td colspan="6">1. 농부와 과일나무 도안을 코팅하고 그 위에 찍찍이를 붙인다.
2. 코팅한 농부와 과일나무 뒤에 EVA를 붙인다.
3. 펠트지로 지갑을 만들고 그 위에 찍찍이를 붙이고 뽕뽕이로 꾸민다.
4. 현금 도안을 코팅하고 그 뒤에 EVA를 붙인 후 찍찍이를 붙인다.
5. 펠트지로 가을 과일(사과/배/귤/감)과 벌레를 만들고 그 뒤에 찍찍이를 붙인다.
6. 하드보드지로 주사위를 만들고 펠트지로 감싸고 해/비/벌레를 만들어서 붙인다.</td></tr>
<tr><td>완성된
교구</td><td colspan="6">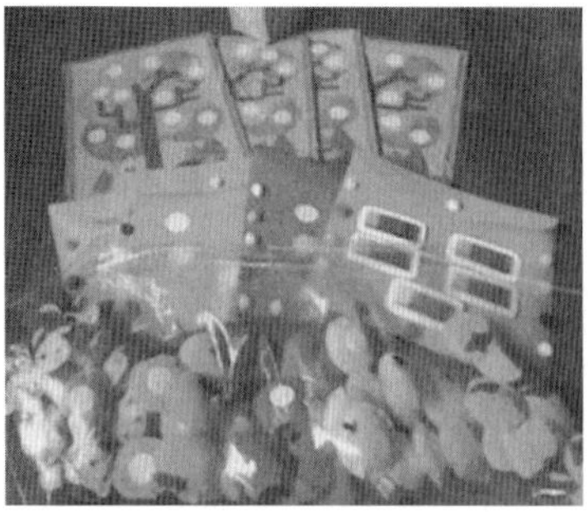 </td></tr>
</table>

활동 방법	1. 유아들이 원하는 과일을 생각해 보고 과일을 선택한다. 선택한 과일나무를 나눠 준다. - 우리 친구들은 어떤 과일을 좋아해요? - 좋아하는 과일을 선택해 보세요 - OO야 선택한 과일나무에요. 과일나무가 어떻게 생겼는지 살펴보세요 2. 과일을 키우기 위해서 무엇이 필요한지 이야기하고 주사위를 보여 주며 놀이에 대해 설명한다. - 과일을 잘 키우기 위해서는 무엇이 필요할까요? - 과일나무가 잘 자라고 열매를 많이 수확하려면 해와 비가 필요해요. 그런데 벌레가 생기면 어떻게 될까요? - 주사위에서 해와 비가 나오면 과일을 붙이고 벌레가 나오면 벌레를 붙이는 거에요. 그리고 주사위에 보면 해가 2개인 경우가 있어요. 햇빛을 많이 받으면 과일이 더 잘 자라나요. 그래서 이것은 과일을 2개 붙이는 거에요. - 그러면 과일나무에 과일이나 벌레가 있게 되겠죠? 과일만 몇 개인지 세어 보세요. 3. 유아는 주사위를 던져서 나온 개수만큼 과일나무의 찍찍이에 과일 또는 벌레를 붙인다. 4. 과일나무에 있는 찍찍이에 과일 또는 벌레를 다 붙인 후 과일의 수를 확인한다. - 과일나무에 있는 과일을 수확해서 몇 개인지 세어 보세요. - ㅇㅇ이가 수확한 과일은 몇 개인가요? 5. 과일의 개수를 세어 보고 얼마인지 현금을 생각해 본다. - 과일 1개에 1,000원이에요 - 과일이 2개면 2,000원이고 과일이 3개면 3,000원, 과일이 5개면 5,000원, 과일이 10개면 10,000원이에요. - ㅇㅇ이는 과일이 몇 개에요? 그럼, 돈은 얼마인가요?
응용 및 주의 사항	• 팀을 이루어 게임식으로 진행하면 활동에 흥미를 더해 줄 수 있으며 활동지를 준비하여 확장 활동으로 연계할 수도 있다.

6장 보육실습 평가

일반적으로 보육실습 평가는 보육실습의 마지막 단계로 생각하지만 사실상 보육실습의 목적과 목표 설정, 보육실습의 계획과 운영, 보육실습의 평가 등 각 단계마다 보육실습 평가 활동들이 지속적으로 이루어져야 한다. 그러므로 보육실습의 중간 관리와 최종 평가는 세밀하게 준비하여야 한다(한국보육진흥원, 2017).

1. 보육실습 평가의 목적과 목표

보육실습 평가는 두 가지 입장에서 접근할 수 있다. 우선 실습 담당 교수의 입장에서, 실습생으로서 학생의 보육실습 수행 정도를 파악하는 기능이 있다. 또한 학생에게는 보육교사의 전문성 확보를 위해 그리고 필수적으로 이수해야 하는 교과인 동시에 자신의 보육 역량에 대한 이해를 높이는 자기 평가의 기능이 있다. 보육실습 평가는 다음과 같은 목적과 목표를 가진다.

1) 보육실습 평가의 목적

- 이론과 실습을 겸비하여 영유아에 대한 심화 이해를 돕는다.
- 실습생의 보육 역량을 강화하여 전문성을 확보한다.
- 예비보육교사의 발전 과정을 이해하여 반성적 사고를 촉진한다.
- 보육교사의 역할 수행에 대해 긍정적 태도를 기른다.

2) 보육실습 평가의 목표

- 보육실습의 목표 달성 여부를 확인한다.
- 실습생의 보육실습 성취도를 구체화한다.
- 실습생에게 보육교사로서의 향후 진로에 도움을 준다.
- 실습생에게 보육교사로서의 역량 여부에 대한 자기 이해를 돕는다.
- 보육실습 결과를 확인하여 보완점을 파악한다.
- 국가자격증 부여의 조건인 학과목 이수 인정의 근거 자료가 된다.

2. 보육실습 평가의 내용과 방법

보육실습의 평가는 보육실습 관계자(지도 교수, 실습생, 지도 교사, 원장 등)의 평가 내용에 근거하여 종합적으로 이루어져야 한다. 보육실습 평가의 내용과 준비 사항(한국보육진흥원, 2013) 및 방법은 다음의 〈표 6-1〉과 같다.

1) 보육실습 평가의 내용과 준비 사항

〈표 6-1〉 보육실습 평가의 내용과 준비 사항

	교수 및 양성교육기관	실습생	지도 교사	원장
내용	• 보육실습기관과의 유기적 협조 • 보육실습기관 공문 제출 • 보육실습 서류 목록 제공 • 보육실습일지 양식 개발 • 실습 평가회 개최 및 주도 • 보육실습기관 방문 • 보육실습기관 원장과의 협의 • 보육실습기관 방문 결과 보고서 작성	• 성실한 실습 태도 • 보육교사 직무 이해 • 계획안과 실습일지 작성과 수행 • 질적 상호작용 실습 • 교재 · 교구 제작 • 보육환경 구성 • 실습 지도 교사의 피드백 수렴 • 보육실습일지 작성과 제출 • 보육활동계획안 작성 • 실습 평가회의 참석 • 실습 전반에 대한 반성적 사고 • 실습 지도 교사와의 지속적 협의	• 실습생 태도 관찰 • 실습 단계별 지도 • 보육계획안 수정 • 실습생 활동 평가 • 보육실습 결과 보고서	• 보육실습 방향 제시 • 보육실습 과정 관리 • 지도 교사와 실습생 심리적 · 행정적 지원 • 보육일지 작성 점검 • 보육실습 전체 평가
서류 및 준비물	• 보육실습일지 양식 • 보육실습 요청 공문 • 보육실습 평가서 • 보육실습기관 방문 계획서 • 보육실습기관 방문 결과 보고서	• 보육실습일지 • 일일/반일 보육계획안 • 보육활동계획안 • 교재 · 교구 제작서 • 보육실습 자기 평가표	• 보육실습일지 • 출근부 • 보육계획안 • 보육실습 평가서	• 보육실습일지 • 출근부 • 보육계획안 • 보육실습 평가서

출처: 한국보육진흥원(2013).

2) 보육실습 평가의 방법

보육실습의 평가는 보육실습생의 자기 평가, 보육실습기관의 현장실습 평가, 양성교육기관에서의 총괄 평가로 나누어 진행된다.

(1) 보육실습생의 자기 평가

실습생이 스스로 하는 자기 평가는 보육실습의 과정과 결과에 기초하여 자신을 객관적으로 평가하는 것이며, 보육교사로서 특별히 요구되는 태도, 자질, 역할, 능력 면에서 자신을 파악할 수 있다.

- 보육실습생은 보육실습의 과정과 결과를 다양한 방법으로 평가해 볼 수 있다.
  - 보육실습 종료 후 보육실습 소감 기록(부록 p. 161 참조)
  - 보육실습 자기 평가 실시(부록 p. 156 참조)
  - 보육실습일지에 매일의 실습생 평가 작성 기록(예시 참조)

보육실습일지 실습생 평가 작성 방법	하루 동안 반에서 보육실습생으로서 관찰, 실내외 활동 및 놀이 참여, 영유아 일상지도 등을 경험하면서 느낀 소감이나 의문 사항을 기록하되 반성적으로 사고할 수 있도록 다음과 같은 내용을 중심으로 작성한다. • 보육 일과 중 새롭게 배웠던 보육실습 지도 교사-영유아 상호작용에 대한 내용 • 하루 일과 중 새롭게 발견한 영유아의 발달적 특성 및 흥미에 대한 내용 • 반에서 보육실습생으로서의 역할과 자세에 대한 자기 평가 • 보육실습 중 계획한 대로 실행되지 않았던 부분에 대한 원인 분석 내용 • 보육실습에서 지도 교사가 지시한 업무 수행을 통해 배운 점 • 기타 일과 운영 및 상호작용에 대해 궁금한 사항
보육실습일지 실습생 평가 예시 (만 3세 반)	• 오늘은 색과 모양이라는 주제에 맞추어 쿠키 만들기를 하였다. 유아들은 자신이 직접 찍기 틀로 쿠키 모양을 만들고, 그 위에 초콜릿을 올렸다. 이렇게 만든 말랑말랑한 쿠키 반죽을 오븐에 구워 바삭한 쿠키로 만들었다. • 요리 활동은 유아들이 직접 만들어 먹음으로써 편식 지도를 할 수 있을 뿐 아니라 재료의 성분 변화와 같은 과학적 지식을 획득, 요리 순서에 대한 수학적 개념을 습득하고, 요리 재료를 나누어 쓰면서 사회성까지 기를 수 있는 5개 생활 영역을 모두 통합할 수 있는 좋은 활동이라는 생각이 들었다. • 이렇게 일상생활을 통하여 의미를 가지고, 흥미롭게 활동할 수 있도록 한다면 유아들은 자연스럽게 모든 영역의 발달을 균형적으로 이룰 수 있을 것이다. 이를 위해서 교사는 끊임없이 연구하고 노력해야 함을 깨달았다.

출처: 한국보육진흥원(2017).

(2) 보육실습기관의 현장실습 평가

① **평가회**: 보육실습기관은 보육실습 과정 중 또는 종결 후, 실습생 평가회를 개최하여 보육실습생에게 실습 시작부터 끝까지 예비교사로서의 자신의 변화된 정도를 재확인하고, 반성적 사고의 기회를 제공하여 예비보육교사의 역할을 수행할 수 있었던 경험을 되돌아보도록 한다. 또한 보육교직원 입장에서 실습생에게 유익한 조언과 제안을 해 주며 더 나아가 미래의 교사에게 보육의 비전을 제시하는 시간이 되도록 진행한다.

▶**보육 현장에서의 평가 일정 예시– 6주 연속형**

- **지도 교사 평가:** 매일 실시(실습일지 피드백, 하루 일과와 그날의 중점 사항에 대한 평가 등)
- **원장 평가:** 중간 점검(2주차 금요일) 및 종합 평가(4주차 금요일/ 원장, 지도 교사, 실습생 참석)
- **실습생 평가회:** 같은 기간 동안 실습한 전체 실습생과 지도 교사, 원장이 한 자리에 모여 실습에 관한 전체적인 내용 평가(6주차 금요일 오후)

② **평가 영역과 내용에 따른 배점표:** 보육실습 현장에서 실습생에 대한 평가는 지도 교사와 원장이 부여하며, 아래의 〈표 6-2〉 보육실습 평가표에 기준하여 공정성과 형평성, 객관성을 유지하면서 엄정하게 진행해야 한다.

〈표 6-2〉 보육실습 평가표

평가 영역(배점)	평가 항목		배점	점수
근무 태도와 자질 (20점)	근무 사항	출석, 결석, 지각, 조퇴 등	5	
	태도	근면 성실성, 친절, 복장과 용모, 예절 등	5	
	자질	영유아 존중, 책임감, 열의	5	
	관계 형성	실습 지도 교사와의 관계, 동료 실습생과의 관계	5	
보육활동계획과 실행 (30점)	계획	영역별, 반일(일일) 보육활동계획의 적합성과 충실한 준비	15	
	실행	영역별, 반일(일일) 보육 활동의 효과적이고 적절한 실행 정도	15	
예비보육교사로서 역할 수행 (30점)	관찰	영유아 행동 및 놀이 관찰, 보육 환경 관찰	10	
	보조	보육 일과 진행 보조 및 일상생활 지도	10	
	상호작용	영유아의 상호작용과 놀이 참여	10	
보육실습일지 작성 (10점)	구체적이고 충실한 보육실습일지 작성과 일일 자기 평가 및 지도 교사 평가 반영		10	
총평(10점)	실습 기간 동안 예비보육교사로서 향상된 정도		10	
총 점			100	

출처: 한국보육진흥원(2017).

(3) 양성교육기관의 총괄 평가

보육실습을 마친 후, 양성교육기관에서 지도 교수와 보육실습생들이 평가회를 개최한다. 실습생 모두가 한자리에 모여 실습기관의 환경과 시설 특성, 보육프로그램 운영의 특성, 보육실습 시 어려웠던 점, 보육실습일지 작성, 보육실습 전·후의 변화, 보육실습 운영, 원장과 실습 지도 교사와의 인간관계, 동료 실습생과의 관계 등을 중점적으로 논의한다. 이후, 양성교육기관은 보육실습기관과 동일한 평가 기준을 사용할 수 있으나 다양한 평가 도구나 준거를 활용하여 종합적인 평가를 실시하는 것이 바람직하다.

- 양성교육기관은 실습생의 보육실습 결과를 다음의 각종 자료 등에 근거하여 최종적으로 평가한다.

 – 보육실습기관에서 평가하여 송부한 보육실습 평가서(부록 p. 155 참조)
 – 보육실습기관 방문을 통해 확보한 원장과의 면담 자료
 – 보육실습기관의 현황과 실태
 – 보육실습생의 관찰 기록
 – 작성 완료한 보육실습일지
 – 보육활동계획안, 교구제작계획안, 사진 자료 등
 – 보육실습 평가회 참여 정도(질문지 참조)

〈보육실습 평가회 질문지〉

실습생의 의견을 수렴하고자 하오니, 질문에 진솔하게 답변해 주시기 바랍니다.

- 실습생 이름 :
- 기관명 :
- 실습 기간 :

1. 기관의 지리적 위치와 주변 환경

2. 기관의 중점 또는 특색 있는 보육 프로그램

3. 지도 교사에 대한 관찰 견해

4. 실습 지도 교사와의 인간관계

5. 동료 실습생과의 인간관계

6. 일지, 활동계획안, 교구 제작 등 실습 과제 작성 및 수행에 대한 피드백

7. 가장 좋았던 점(감사한 부분)

8. 가장 어려웠던 점(앞으로 변화되었으면 하는 부분)

9. 실습 전후로 변화된 자신의 모습

10. 어린이집에 대한 건의 사항

11. 지도 교수님께 하고 싶은 말

12. 실습을 종료한 지금의 나 자신에 대한 각오나 다짐이 있다면

출처: 김현미 외(2017).

● 부록

1) Q&A
이것이 궁금해요

2) 서류 양식

1) Q&A 이것이 궁금해요

Q&A - 1

Q 보육실습 기간은 언제 하는 것이 바람직한가요?

A 보육실습은 '보육실습' 교과목이 개설된 학기 중(직전 및 직후 방학 포함)에 반드시 해야 하며, 일상적인 보육이 이루어지는 3~6월, 9~11월에 보육실습을 하는 것이 바람직합니다. 방학 기간 내에 실습을 할 경우 영유아들이 방학을 하거나 결석하는 경우가 있어 원만한 실습이 이루어지지 않을 수 있습니다(방학 기간 전후에 2회로 나누어 실시해야 하는 어려움이 있을 수 있습니다).

Q&A - 2

Q 보육실습생 등록은 어디서 어떻게 해야 하나요?

A 보육실습생 등록 및 관리는 보육통합정보시스템(어린이집지원시스템)을 통해 이루어지며, 등록된 정보는 자격 취득을 위한 정보로 자격관리시스템에 전송됩니다. 또한 보육실습확인서는 실습 마지막 날 보육통합정보시스템을 통해 제출하고 출력하여 어린이집 직인 날인 후 양성교육기관으로 제출합니다. 보육실습을 2회로 나누어서 실시하는 경우에는 보육실습생 등록을 각각 해야 합니다.

Q&A - 3

Q 유치원의 경우 보육실습생은 등록을 할 수 없다고 하는데 어떻게 해야 할까요?

A 보육통합정보시스템에 실습생 등록은 어린이집에서 실습할 경우만 가능하며 유치원의 경우 교육부 산하의 교육기관이므로 시스템상 지원이 되지 않으므로 별도의 서식(보육실습확인서 양식)을 양성교육기관에 제출해야 합니다.

Q&A - 4

Q 보육실습확인서 작성 및 제출 방법이 궁금합니다.

A 보육실습확인서는 보육통합정보시스템(어린이집지원시스템)을 통해 입력, 저장된 보육실습생 및 실습 지도 교사 정보가 자동으로 연동되므로 입력된 정보가 정확한지 확인한 후 실습 마지막 날 제출하고 이를 출력하여 어린이집 직인 날인 후 양성교육기관에 제출합니다.

참고로 자격증 발급 전까지 어린이집이 중간에 폐원하거나 명의자 변경(대표자 변경) 등의 사항이 발생할 경우 양성교육기관에서 첨부 서류(어린이집 인가증 사본, 지도 교사 1급 자격증 사본, 실습 지도 교사 1인당 3명 이내의 보육실습생 지도 확인서) 제출을 요구할 수 있으므로 미리 받아 보관하는 것이 좋습니다.

▶**보육실습확인서 제출 방법**
어린이집지원시스템 → 〔교육 관리〕 → 〔보육실습생 관리〕 → 대상자 조회 후 〔선택〕 → 〔제출〕 버튼 클릭(메세지 창 확인) → 〔확인〕 버튼 클릭(제출 완료)
※ 주의: 보육실습을 2회로 나누어서 실시한 경우에는 보육실습생 등록 및 제출을 각각 해야 한다. 제출된 내용은 자격 취득을 위한 정보로 전송되므로 제출 이후에는 수정이 불가하다.

▶**보육실습확인서 제출 여부 확인**
보육실습확인서를 제출하면 보육실습생 정보는 〔미제출〕 → 〔제출〕로 변경된다.

Q&A – 5

Q 보육실습기관에 보육 실습비를 내야 한다고 하는데 꼭 지급해야 하나요?

A 보육실습기관에 소정의 실습비를 대부분 지급합니다. 보육실습비는 보육실습생을 받을 실습기관에서 책정하도록 하나 기준이 없을 경우 양성교육기관에서 책정할 수 있습니다. 보육실습비에는 보육실습 지도 교사 수당, 보육실습생 급량비(간식, 중식), 보육 활동 재료비 등이 포함되는 것이 바람직하다고 권장되며, 실습기관 명의의 통장으로 보육실습비를 직접 송금함을 원칙으로 합니다.

실습비 영수증은 받아서 첨부해야 하며 기관에서 실습비를 받지 않는 경우에도 실습비 금액을 '0원'으로 기재하여 영수증을 받아 첨부합니다.

Q&A - 6

Q 보육실습기관에 건강진단결과서를 꼭 제출해야 하나요? 만약 제출해야 한다면 언제 제출하는 것인가요?

A 건강진단결과서는 반드시 제출해야 하는 필수 사항입니다. 그리고 실습 나가기 최소 1주 전에 보건소에서 전염성 질환(폐결핵, 장티푸스, 전염성 피부 질환 등)에 대한 건강진단결과서(구 보건증)를 받아 실습기관에 제출해야 합니다. 만약, 실습을 시작한 후 검사를 받았는데 전염성 질환에 감염되어 있었다고 한다면 이미 면역력이 약한 영유아들에게 전염되었을 수 있으므로 큰 문제의 소지가 됩니다. 그러므로 실습 전 검사 결과에 이상 소견이 없음을 확인한 후 제출하는 것이 바람직합니다.

Q&A - 7

Q 성범죄경력 조회 및 아동학대 관련 범죄전력 조회 동의서를 제출하라고 하는데 이것이 무엇인지 궁금해요?

A 성범죄경력 조회 및 아동학대 관련 범죄전력 조회는 어린이집 원장이 보육실습생의 동의서를 받아 관할 경찰서 민원실에 직접 접수해 결과서를 받거나, 실습생 본인이 경찰청 온라인시스템(범죄경력회보서 발급시스템, http://crims.police.go.kr)을 통하여 신청하고 확인합니다. 지역마다 조금씩 차이가 있으므로 실습기관 상황에 맞게 원장과 상의하고 제출합니다.

Q&A - 8

Q 지도 교사의 조언 및 평가란 외에 다른 서류는 수기로 작성했는데 수기로 작성한 곳은 모두 직인을 받아야 하는 건가요?

A 그렇지 않습니다. 수기로만, 워드로만 작성하는 경우, 혼합해서 작성하는 경우도 있으므로 굳이 직인을 받을 필요는 없으며 중요성이 요구되는 경우나 기관에 제출해야 하는 서류에 직인란이 있는 경우에 직인을 받아 제출하면 됩니다.

Q&A - 9

Q 4주 동안 실습을 진행했던 반의 지도 교사가 1주일간 휴가를 가서 남은 2주 동안은 옆 반의 다른 1급 교사로 지도 교사가 바뀌게 되었습니다. 5세 반에서 6, 7세 통합 반으로 실습하는 반도 변경되었습니다. 이럴 경우 어떤 서류들이 추가되는지 자세한 안내 부탁드립니다.

A 보육통합정보시스템에서 4주, 2주로 각각 확인서 2부씩 총 4부를 발급받아 실습일지에 2부를 첨부하고 개인 보관용 2부를 양성교육기관으로 가지고 옵니다. 또한 2명으로 지도 교사가 추가되는 경우에는 다음과 같은 서류를 준비해야 합니다.

- 출근부 2부(각 반 1부씩), 일일실습일지의 결재란에 당시 주차별 지도 교사의 결재를 받아야 합니다.
- 실습동의서(보육교사명 추가)
- 보육실습확인서 (각 2부씩 총 4부)

Q&A - 10

Q 보육실습 중에 지도 교사가 변경되었는데요. 지금 실습을 4주 동안 하였고 2주가 남았습니다. 같은 어린이집에서 2주를 이어서 진행할 예정입니다. 변경된 지도 교사의 보육실습 평가서도 받아야 하나요?

A 이런 경우 4주는 A교사, 2주는 B교사에게 실습 지도를 받았으므로 각각의 보육실습확인서와 보육실습 평가서를 제출해야 합니다. 주의할 사항은 각각의 교사가 보육교사 1급 자격을 소지하고 있는지를 꼭 확인해야 합니다.

Q&A - 11

Q 지도 교사의 반은 만 4세 반인데 원장님이 만 1세에 도움이 필요하니 1세 반에 가서 실습을 하라고 하는데 실습일지는 어느 반을 기준으로 기록해야 하나요? 지도 교사의 반에 해당하는 실습일지를 기록하나요? 실제로 제가 들어간 반의 실습일지를 기록해야 하나요?

A 지도 교사의 자격 요건은 보육교사 1급 자격을 소지하고 있어야 합니다. 만 1세 반의 지도 교사가 1급 자격을 소지하고 있어야 하며 보육실습확인서 상에도 지도 교사 2명이 기록되어 있어야 합니다. 단지 바쁘다는 이유로 지정된 지도 교사 반이 아닌 다른 반에서 실습하면서 임의적으로 다른 반의 실습일지를 쓰거나 지도를 받는 경우, 실습이 인정되지 않는 경우가 발생할 수 있으므로 불이익을 당하지 않기 위해서라도 잘 확인해야 합니다.

Q&A – 12

Q 보육실습확인서 상 보육실습생 등록을 하고 실습 마지막 날은 분주할 것 같아서 미리 출력하려고 하는데 출력이 되지 않습니다. 언제부터 출력이 가능한가요?

A 보육실습확인서는 보육통합정보시스템(어린이집지원시스템)에서 240시간 이상 실습 시간으로 계산이 된 후 종료 시간이 지나야 출력됩니다(보육통합정보시스템에서 실습 마지막 날 5시 이후에 제출하고 출력 가능합니다).

Q&A – 13

Q 실습기관의 사정으로 인해 1~3주까지는 A교사(만 2세 반), 4주차는 B교사(만 1세 반), 5~6주차에는 A교사 반(만 2세 반)에서 실습을 하게 되었습니다. 그러면 출근부와 일지에는 어떻게 기록해야 하나요? 보육실습 지도 교사명에도 2명의 이름을 쓰면 되나요?

A 출근부와 실습일지에 해당하는 날에 지도한 지도 교사(A교사, B교사)로 작성하여 지도한 교사가 서명하면 됩니다. 또한 보육실습확인서에도 각각의 지도 교사가 등록되어 있어야 합니다.

Q&A – 14

Q 보육실습생 신상 카드에 직인이 들어가야 되나요?

A 신상 카드는 본인이 작성하여 실습기관에 제출하는 것이므로 직인은 들어가지 않습니다.

Q&A – 15

Q 법정 공휴일과 명절, 임시 공휴일도 실습일지를 작성해야 하나요?

A 출석부에 붉은 볼펜으로 사선을 그어 휴일임을 표시하고 휴일을 제외한 30일간 출석부에 서명합니다. 그리고 휴일임을 표시하는 일지를 한 장으로 작성해 두는 것이 좋습니다. 실습일지 검토 시 휴일이 있어 예정 실습 기간보다 연장해서 실습한 것을 쉽게 확인할 수 있습니다.

Q&A – 16

Q '실습 지도 교사 1인당 3명 이내의 보육실습생 지도 확인서'는 모두 제출해야 하나요?

A 적용 대상은 2013년 3월 1일 이후 보육실습 이수자로 보육통합정보시스템을 통해 보육실습 내용을 등록하지 않은 경우에 해당됩니다. 유치원에서 실습하는 경우 보육통합정보시스템의 적용을 받지 않으므로 별도로 제출해야 합니다.

Q&A – 17

Q 연간, 월간, 주간보육계획안은 어린이집과 양성교육기관의 양식이 다릅니다. 어린이집에서 작성한 계획안을 직접 첨부해도 되나요?

A 어린이집마다 제각각으로 다른 양식을 사용하고 있습니다. 가급적 양성교육기관의 양식에 맞게 작성하는 것이 바람직합니다. 양성교육기관의 양식으로 작성하면서 보육계획안에 대한 이해도를 높일 수 있습니다.

Q&A - 18

Q 실습 기간 동안 천재지변(미세 먼지, 태풍, 폭설 등)으로 인해 임시 휴원한 경우 실습 기간과 일지는 어떻게 해야 하나요?

A 임시 휴원을 한 경우 휴원 사유를 공식적으로 입증할 수 있어야 합니다. 공문 형식의 서류에 어린이집 직인을 찍어서 첨부하고 한 장의 일지에 사유를 기록해 두는 것이 바람직합니다. 실습 기간도 예정된 일정보다 연장하여 실습해야 합니다. 반드시 30일(6주)간 실습을 해야 합니다.

Q&A - 19

Q 실습 기간 동안 천재지변(미세 먼지 위험, 폭설, 태풍, 폭우)으로 인해 오전 4시간만 근무하고 영유아들은 귀가했고 교사들도 일찍 퇴근하였습니다. 이런 경우 근무 시간은 4시간만 인정받는 것인가요?

A 실습생은 1일 8시간 근무를 해야만 실습 인정을 받습니다. 이 경우는 4시간만 근무했으므로 실습일로 인정받을 수 없습니다. 일지에 사유를 기록해 두고 예정된 일정보다 하루 더 추가 실습을 해야 합니다.

Q&A - 20

Q 가족이 운영하는 실습기관(어린이집)에서 실습이 가능한가요?

A 가족이 운영하는 실습기관에서 실습을 할 경우는 일관성 있고 체계적인 실습이 되지 않을 수 있습니다. 그리고 평가 점수에서 객관성과 신뢰성이 낮을 가능성이 있기 때문에 권장하지 않습니다.

Q&A – 21

Q 양성교육기관에서 실습 기간 동안 실습기관에서 영유아들이 활동한 사진을 부착해야 한다고 하는데 초상권 문제로 활동 사진을 찍으려면 부모의 동의를 받아야 가능하다고 합니다. 어떻게 해야 하나요?

A 양성교육기관마다 다를 수 있지만 전체 영유아들의 활동하는 모습을 뒤쪽에서 촬영하여 얼굴이 나오지 않도록 해서 첨부하거나 어린이집 입구에서 본인 셀카로 사진을 찍는 것도 하나의 해결 방법일 수 있습니다(실습생이 실습기관에 근무한 근거 자료가 된다).

Q&A – 22

Q 실습기관에서 실습생은 많은 경험을 해야 한다며 1주 단위로 반을 변경해서 실습을 하라고 합니다. 어떻게 해야 하나요?

A 법적 기준에 따르면 보육 현장실습은 6주 이상 240시간 이상을 원칙으로 하되, 2회로 나누어 실시할 수 있으며 지도 교사는 보육교사 1급 자격을 소지한 경우 가능합니다. 1주 단위라면 6주 동안 6명의 지도 교사와 실습을 진행해야 하는데 이는 법적 기준에도 위배되는 사항이므로 불가능합니다. 실습생이 다양한 경험을 한다는 취지는 좋으나 자칫 실습이 안정되지 못하고 산만한 실습이 될 수 있습니다.

Q&A – 23

Q 현재 직장을 다니고 있습니다. 실습이 가능한가요?

A 직장에 다니고 있으면 실습이 불가능합니다. 실습 기간 동안 휴직 또는 퇴직 처리를 해야만 가능합니다.

Q&A – 24

Q 현재 어린이집에서 기타 종사자로 근무 중입니다. 실습이 가능한가요?

A 실습이 불가능합니다. 어린이집 휴직 후 실습이 가능합니다. 실습은 근무 중인 기관이 아닌 다른 기관에서 실습하는 것을 권장합니다.

Q&A – 25

Q 보육실습확인서를 분실하였습니다. 어떻게 재발급 받을 수 있나요?

A 보육통합정보시스템에서 실습 종료 후 2개월까지 재출력이 가능하니 실습기관에 재발급 요청을 합니다(2개월 후는 양성교육기관에 문의).

Q&A – 26

Q 보육실습은 연속 6주라고 알고 있습니다. 그런데 실습 기간 중에 방학이 있습니다. 실습기관의 방학을 어떻게 증명하면 되나요?

A 실습기관의 방학이 공지된 가정통신문을 첨부하면 됩니다. 가정통신문에 원장님의 서명과 직인을 찍어서 일지에 첨부하면 됩니다.

2) 각종 서류 양식

보육실습 신청서

학 생 정 보			
성　　명		학과/학번	
보육실습 기간	20　년　월　일 ~ 20　년　월　일 (6주 240시간 이상)		
집 주 소	우편번호)		
핸 드 폰		집/직장	집: 직장:
E-mail 주소			

희망 보육실습기관 정보			
보육 관련 이수 교과목 (이수 교과목을 모두 적으시오)	총 (　　)개 과목 이수		
실습 희망 지역			
보육실습 희망 기관 유형	① 국공립어린이집　(　　) ③ 직장어린이집　(　　) ⑤ 부모협동어린이집 (　　) ⑦ 종일제어린이집　(　　)	② 법인어린이집　(　　) ④ 가정어린이집　(　　) ⑥ 민간어린이집　(　　)	
기타 희망 사항			

○○ 원격평생교육원

수신자 ○○○ **어린이집 원장(보육실습 지도 담당자)**
(경유)
제 목 **보육실습생 의뢰의 건**

1. 귀 기관의 무궁한 발전을 기원합니다.
2. ○○대학 ○○학과 학생들이 귀 기관에서 보육실습을 희망하고 있습니다.
   이에 보육실습생을 의뢰하오니 보육실습에 대한 협조를 부탁드립니다.
   가. 보육실습 시간: 20 년 월 일 ~ 20 년 월 일까지(240시간 이상)
   나. 보육실습생: 보육실습생 명단 참조
3. 보육실습생 명단

4. 어린이집지원시스템을 통한 보육실습생 등록·관리 안내 및 보육실습확인서 회신 협조
   가. 보육정보종합시스템 내 어린이집지원시스템의 보육실습생관리 메뉴에 보육실습 내용을 입력 후 출력해 주시기 부탁드립니다.
   나. 보육실습확인서(서명과 직인 요망)는 20 년 월 일(요일)까지 회신 부탁드립니다.

별첨: 보육실습 동의서 1부. 끝.

○○ 원격평생교육원장 직인생략

기안자 ○○○ 학과장 ○○○(보육교사교육원장 ○○○)
협조자
시행 보육 - (20 . .) 접수 - (. .)
우00000 서울특별시 00구 000로 0길(가산동) 00000 00 원격평생교육원
TEL: 0000-0200 | FAX: 0000-000-0000

보육실습 동의서

학 생 정 보					
성 명		학과		학번	
보육실습 기간	20 년 월 일 ~ 20 년 월 일 (6주 240시간 이상)				
집 주 소	우편번호)				
개인 연락처		E-mail 주소			

보육실습기관 정보			
보육실습 기관명	(정원: 명)	보육실습기관 원장명	
기관 주소			
전화번호		팩스	
평가인증 유효 기간	20 년 월 일 ~ 20 년 월 일		
보육실습 지도 교사	이름:	보육교사 1급 ( ) 유치원 정교사 1급 ( ) *해당 자격에 'ㅇ'표 하세요.	

위 학생이 본 기관에서 보육실습을 수행함에 동의합니다.

20 년 월 일

보육실습기관 원장: (서명 또는 인)

보육실습생 신상 카드

<table>
<tr><td rowspan="2">성 명</td><td>한글</td><td colspan="2">(여, 남)</td><td rowspan="4">(사 진)</td></tr>
<tr><td>한자</td><td colspan="2"></td></tr>
<tr><td>소 속</td><td colspan="3"></td></tr>
<tr><td>생 년 월 일</td><td colspan="3"></td></tr>
<tr><td>주 소</td><td colspan="4"></td></tr>
<tr><td rowspan="3">학 력</td><td colspan="2">. . ~ . .</td><td colspan="2">고등학교 입학 및 졸업</td></tr>
<tr><td colspan="2">. . ~ . .</td><td colspan="2"></td></tr>
<tr><td colspan="2">. . ~ . .</td><td colspan="2"></td></tr>
<tr><td>보육 관련
이수 교과목
(모두 적으세요)</td><td colspan="4">: 총 ( )개 교과목</td></tr>
<tr><td rowspan="3">비상연락처</td><td colspan="4">집 전화 :</td></tr>
<tr><td colspan="4">본인 휴대폰 :</td></tr>
<tr><td colspan="4">비상시 연락 휴대폰 : (관계 :)</td></tr>
<tr><td colspan="5">위의 사항이 틀림없음을 확인합니다.
년 월 일
본인 서명 (서명 또는 인)
○○○ 원 장 귀 하</td></tr>
<tr><td colspan="5">개인정보 수집 · 이용 동의</td></tr>
</table>

보육실습생 관리를 위하여 '개인정보보호법'에 따라 개인정보 수집 · 이용에 대한 내용을 알려드리오니 동의하여 주시기 바랍니다.

[법률근거] 개인정보보호법 제15조 '개인정보의 수입 · 이용'에 관한 법률
[수집 · 이용 항목] 이름, 주민등록번호, 연락처(전화번호, 휴대폰 번호),이메일, 주소
[수집 · 이용 목적] 보육실습생 관리를 위한 목적으로 이용되며, 수집한 개인정보는 다른 목적으로 사용되지 않습니다.
[이용 및 보유기간] 보육실습이 종료되는 시점에 수집한 개인정보는 폐기됩니다.
[동의거부 및 불이익] 위의 개인정보 수집 · 이용에 관한 내용에 동의하지 않는 경우에는 보육실습이 불가합니다.

□ 동의함　　□ 동의하지 않음

실 습 생 : (서명 또는 인)

보육실습생 서약서

성 명 :
소 속 :

상기 본인은 귀 어린이집의 보육실습생으로서 보육실습의 목적과 중요성을 충분히 이해하고 어린이집의 제반 규정을 성실히 준수하여 보육능력 향상에 최선을 다할 것을 서약합니다.

20 년 월 일

보육실습생: (서명)

○○○ 어린이집 원장 귀하

영 수 증

보육실습비: 일금 ○○○원 정 (₩)

성명: ______________________

소속: ______________________

위 금액을 위 실습생의 보육실습비로 정히 영수함

20 년 월 일

○○○ 어린이집 원장 직인

보육실습기관 현황

기 관 명	○○○ 어린이집	유형		운영체	
주 소					
전화번호				원장명	
설립 이념					
연혁					
기관 특성	• 특수보육 서비스(장애 통합, 초등 방과후, 야간, 연장, 휴일 보육 등) • 기타 사항 : 평가인증 통과 유지 년도 (~)				

연령별 반	0세	1세	2세	3세	4세	5세	기타 종사자 수	사무원	취사부	영양사	간호사	기타
원아 수												
교사 수												

보육실습반 현황

학 급 명	반 (만 세)	보육실습 지도 교사명	
영유아 수	총 명 (남아 명 / 여아 명)	보육교사 수	명

보육실습생 출근부

소속 :	실습생명 :	
보육실습기관	어린이집 세 반	보육실습 지도 교사:
보육실습 기간	20 . . ~ 20 . . (총 주간)	

구분	월	화	수	목	금
보육실습생	㊞	㊞	㊞	㊞	㊞
실습 지도 교사	㊞	㊞	㊞	㊞	㊞
날짜	월 일 시 분부터 시 분까지	월 일 시 분부터 시 분까지	월 일 시 분부터 시 분까지	월 일 시 분부터 시 분까지	월 일 시 분부터 시 분까지
보육실습생	㊞	㊞	㊞	㊞	㊞
실습 지도 교사	㊞	㊞	㊞	㊞	㊞
날짜	월 일 시 분부터 시 분까지	월 일 시 분부터 시 분까지	월 일 시 분부터 시 분까지	월 일 시 분부터 시 분까지	월 일 시 분부터 시 분까지
보육실습생	㊞	㊞	㊞	㊞	㊞
실습 지도 교사	㊞	㊞	㊞	㊞	㊞
날짜	월 일 시 분부터 시 분까지	월 일 시 분부터 시 분까지	월 일 시 분부터 시 분까지	월 일 시 분부터 시 분까지	월 일 시 분부터 시 분까지
보육실습생	㊞	㊞	㊞	㊞	㊞
실습 지도 교사	㊞	㊞	㊞	㊞	㊞
날짜	월 일 시 분부터 시 분까지	월 일 시 분부터 시 분까지	월 일 시 분부터 시 분까지	월 일 시 분부터 시 분까지	월 일 시 분부터 시 분까지
보육실습생	㊞	㊞	㊞	㊞	㊞
실습 지도 교사	㊞	㊞	㊞	㊞	㊞
날짜	월 일 시 분부터 시 분까지	월 일 시 분부터 시 분까지	월 일 시 분부터 시 분까지	월 일 시 분부터 시 분까지	월 일 시 분부터 시 분까지

*결석·지각·조퇴는 불가하며, 불가피할 경우 위의 기재된 보육실습 기간 중 법적 이수 시간(240시간)을 채운다.

<table>
<tr><td colspan="3" rowspan="2">보육실습일지</td><td rowspan="2">결
재</td><td>실습생</td><td>지도 교사</td><td>원장</td></tr>
<tr><td>㊞</td><td>㊞</td><td>㊞</td></tr>
<tr><td>반 명</td><td></td><td>일 시</td><td colspan="4">년 월 일
요일</td></tr>
<tr><td>실습생</td><td></td><td>지도 교사</td><td colspan="4"></td></tr>
<tr><td>주 제</td><td></td><td>소주제</td><td colspan="4"></td></tr>
<tr><td>시간 및 일과</td><td colspan="2">활동 계획 및 실행</td><td colspan="4">평가 및 유의점</td></tr>
<tr><td></td><td colspan="2"></td><td colspan="4"></td></tr>
</table>

시간 및 일과	활동 계획 및 실행	평가 및 유의점
실습생 평가		
지도 교사 조언 및 평가		

영역(단위)별 보육활동계획안

<table>
<tr><td rowspan="2">제출일</td><td rowspan="2">월 일 요일</td><td rowspan="2">결재</td><td>실습생</td><td>지도 교사</td><td>원장</td></tr>
<tr><td>㊞</td><td>㊞</td><td>㊞</td></tr>
<tr><td>실습반명</td><td></td><td colspan="2">활동 시간</td><td colspan="2"></td></tr>
<tr><td>보육실습생</td><td></td><td colspan="2">실습 지도 교사</td><td colspan="2"></td></tr>
<tr><td>주 제</td><td></td><td colspan="2">소주제</td><td colspan="2"></td></tr>
<tr><td>활동명</td><td></td><td colspan="2">흥미 영역/
활동 유형</td><td colspan="2"></td></tr>
<tr><td>활동 목표</td><td colspan="5">* 각 목표의 표준보육과정의 영역〉내용 범주〉내용〉세부 내용과 관련성을 제시</td></tr>
<tr><td colspan="5">활동 내용</td><td>활동 준비
자료</td></tr>
<tr><td>도입</td><td colspan="4"></td><td></td></tr>
<tr><td>전개</td><td colspan="4"></td><td></td></tr>
<tr><td>마무리</td><td colspan="4"></td><td></td></tr>
<tr><td>확장 활동</td><td colspan="5"></td></tr>
<tr><td>유의 사항</td><td colspan="5"></td></tr>
<tr><td>계획안에 대한
지도 교사 조언</td><td colspan="5"></td></tr>
<tr><td>실행 후
실습생 평가</td><td colspan="5"></td></tr>
<tr><td>활동 사진</td><td colspan="5"></td></tr>
</table>

교재·교구제작계획안

<table>
<tr><td rowspan="2">제 작 일</td><td rowspan="2">월 일 요일</td><td rowspan="2">결
재</td><td>실습생</td><td colspan="2">지도 교사</td><td>원장</td></tr>
<tr><td>㊞</td><td colspan="2">㊞</td><td>㊞</td></tr>
<tr><td>주 제</td><td colspan="6"></td></tr>
<tr><td>교 구 명</td><td colspan="6"></td></tr>
<tr><td>활동
유형</td><td></td><td>집단
구성</td><td></td><td>대상
연령</td><td colspan="2"></td></tr>
<tr><td>교육 과정
관련 요소</td><td colspan="6"></td></tr>
<tr><td>기대되는
효 과</td><td colspan="6"></td></tr>
<tr><td>준 비 물</td><td colspan="6"></td></tr>
<tr><td>제작 방법</td><td colspan="6"></td></tr>
<tr><td>완성 된
교 구</td><td colspan="6"></td></tr>
<tr><td>활동 방법</td><td colspan="6"></td></tr>
<tr><td>응용 및
주의 사항</td><td colspan="6"></td></tr>
</table>

반일/일일 보육활동계획안

<table>
<tr><td rowspan="2">제출일</td><td rowspan="2" colspan="2">월 일 요일</td><td rowspan="2">결
재</td><td>실습생</td><td>지도 교사</td><td>원장</td></tr>
<tr><td>㊞</td><td>㊞</td><td>㊞</td></tr>
<tr><td>실습학급명</td><td colspan="2"></td><td>보육실습
일 시</td><td colspan="3"></td></tr>
<tr><td>실습생</td><td colspan="2"></td><td>지도 교사</td><td colspan="3"></td></tr>
<tr><td>주 제</td><td colspan="2"></td><td>소주제</td><td colspan="3"></td></tr>
<tr><td>활동 유형</td><td colspan="6"></td></tr>
<tr><td>일일 목표</td><td colspan="6"></td></tr>
<tr><td>시간 및 일과</td><td colspan="3">활동 계획 및 내용</td><td colspan="3">활동 자료 및 유의점</td></tr>
<tr><td></td><td colspan="3"></td><td colspan="3"></td></tr>
<tr><td>유의 사항</td><td colspan="6"></td></tr>
<tr><td>계획안에 대한
지도교사 조언</td><td colspan="6"></td></tr>
<tr><td>실행 후
실습생 평가</td><td colspan="6"></td></tr>
<tr><td>실행한 후
활동 사진</td><td colspan="6"></td></tr>
</table>

보육실습기관 방문 결과 보고서

1. 보육실습기관 현황

기 관 명		반 수/교사 수	
전화번호		주 소	

2. 방문일자 : 20 년 월 일 (오전, 오후)

3. 보육실습자 명단 :

(학번)

4. 방 문 내 용 :

20 년 월 일

방문 지도 교수 성명 : (인)

보 육 실 습 평 가 표

성　　명 :

주민 등록 번호 :

보육실습기관 :

보육실습기간 : 20　년　월　일 ~ 20　년　월　일

<table>
<tr><th>평가 영역(배점)</th><th colspan="2">평가 항목</th><th>배점</th><th>점수</th></tr>
<tr><td rowspan="4">근무 태도와 자질 (20점)</td><td>근무 사항</td><td>출석, 결석, 지각, 조퇴 등</td><td>5</td><td></td></tr>
<tr><td>태도</td><td>성실성, 근면성, 친절, 적극성, 복장 및 용모, 예절</td><td>5</td><td></td></tr>
<tr><td>자질</td><td>영유아 존중, 책임감, 인성, 열의</td><td>5</td><td></td></tr>
<tr><td>관계 형성</td><td>실습 지도 교사와의 관계, 동료 실습생과의 관계</td><td>5</td><td></td></tr>
<tr><td rowspan="2">보육활동계획과 실행 (30점)</td><td>계획</td><td>영역별, 반일(일일) 보육활동계획의 적합성과 충실한 준비</td><td>15</td><td></td></tr>
<tr><td>실행</td><td>영역별, 반일(일일) 보육 활동의 효과적이고 적절한 실행 정도</td><td>15</td><td></td></tr>
<tr><td rowspan="3">예비보육교사로서 역할 수행(30점)</td><td colspan="2">영유아 행동 및 놀이 관찰, 보육 환경 관찰</td><td>5</td><td></td></tr>
<tr><td colspan="2">보육일과 진행 보조와 일상생활 지도</td><td>10</td><td></td></tr>
<tr><td colspan="2">영유아 상호작용과 놀이 참여</td><td>15</td><td></td></tr>
<tr><td>보육실습일지 작성(10점)</td><td colspan="2">구체적이고 충실한 보육실습일지 작성과 일일 자기 평가 및 지도 교사 평가 반영</td><td>10</td><td></td></tr>
<tr><td>총평(10점)</td><td colspan="2">실습 기간 동안 예비보육교사로서 향상 정도</td><td>10</td><td></td></tr>
<tr><td colspan="3">총　점</td><td>100</td><td></td></tr>
</table>

20　년　월　일

보육실습 지도 교사 :　　　(인)

어린이집 원 장 :　　　(인)

보육실습생 자기 평가표

보육실습생:

번호	평 가 항 목	못함				잘함
1	보육 목표를 달성할 수 있는 보육 내용을 영유아의 흥미, 수준에 근거하여 적합하게 선정하였는가?	1	2	3	4	5
2	영유아의 흥미와 능력, 사전 경험을 잘 관찰하여 영유아 지도 계획에 활용하였는가?					
3	보육활동계획안이 적절하게 계획되고 성실하게 준비되어 실행에 무리가 없었는가?					
4	보육활동계획에 따라 자료를 충실히 준비하였는가?					
5	영유아의 행동을 민감하게 파악하며 상호작용에 최선을 다했는가?					
6	다양한 흥미 영역에 고루 참여하여 영유아의 놀이가 지속되고, 확장되도록 놀이를 촉진하였는가?					
7	영유아의 기본 생활 습관이 형성되도록 동기를 잘 유발하였는가?					
8	대소집단 활동 시 보육교사로서 다양한 교수법을 활용하여 효과적으로 활동을 이끌었는가?					
9	영유아의 부정적 정서나 갈등적 상황을 잘 파악하여 긍정적으로 수용하고 적절하게 해결되도록 지도하였는가?					
10	영유아의 개별적 특성, 개인차를 고려하여 지도하였는가?					
11	영유아를 존중하는 언어를 사용하고, 영유아가 잘 알아들을 수 있도록 어휘, 발음, 음성의 고저, 빠르기 등에 노력을 기울였는가?					
12	보육실습일지의 내용과 평가 등을 성실히 기록하였는가?					
13	영유아의 안전, 위생, 건강에 각별히 신경을 썼는가?					
14	영유아의 낮잠, 간식, 점심, 배변 활동, 이 닦기, 손 닦기, 옷 입기 등 일상생활이 영유아 스스로 즐겁게 할 수 있도록 지도하였는가?					
15	보육실의 통풍, 채광, 정리 정돈 등 청결한 환경을 위해 노력하였는가?					
16	보육실습기관의 지도 방침에 적극 협력하였는가?					
17	보육실습 지도 교사와의 관계를 원만히 유지하며 성실히 임했는가?					
18	보육실습 동료들과 잘 협력하였는가?					
19	영유아의 수준과 흥미에 적합한 활동을 계획하고 다양한 행동을 적절히 지도하고자 관련 문헌이나 전문 서적을 찾아보고자 노력하였는가?					
20	실습기간을 통해 보육교사로서의 전문성이 스스로 향상되었다고 여겨지는가?					
합계						

보 육 실 습 확 인 서

1. 실습 이수자 기본 사항

이 름	생년월일	양성교육기관명

2. 실습기관

실습기관명		실습기관 보육 정원	
기관 종류		최초 인가일	년 월 일
평가인증 유지 기간	년 월 일~ 년 월 일	연락처	
주소			

3. 실습 지도 교사

이 름	자격 종류	자격 번호

4. 실습 기간

실습 기간	년 월 일 ~ 년 월 일(주간)
실습 시간	총 시간(매주 요일~ 요일까지, 오전 시~오후 시)

위 사람은 「영유아보육법」 시행규칙 제12조 제1항에 따른 보육실습 기준을 준수하여 보육실습을 충실히 이수하였음을 확인합니다.

년 월 일

어린이집의 원장 (직인)

학과장 (직인)

※첨부 서류
1. 실습기관 시설인가증 사본 1부 2. 보육실습 지도 교사 자격증 사본 1부 3. 실습 지도 교사 1인당 3명 이내의 보육실습생 지도 확인서 단, '13. 3. 1. 이후 「어린이집지원시스템」을 통하여 보육실습확인서를 출력한 경우 첨부 서류를 제출하지 않아도 됨

실습 지도 교사 1인당 3명 이내의 보육실습생 지도 확인서

보육실습생 ○○○은 아래의 보육실습기간 동안 실습 지도 교사 1명당 3명 이내의 보육실습 지도 기준을 준수하여 실습을 지도받았음을 확인합니다.

1. 성 명 : ○○○
2. 실습생 생년월일 : 20 년 월 일
3. 실습기관 : ○○○ 어린이집(유치원)
4. 보육실습 기간 : 20 . . ~ 20 . .
5. 실습 지도 교사 및 실습생

실습 지도 교사	실습생	양성교육기관
○○○	○○○	○○○대학(교) ○○○학과
	○○○	○○○대학(교) ○○○학과
	○○○	○○○ 교육원

년 월 일

어린이집의 원장 (서명 또는 인)

학과장 (서명 또는 인)

※ "실습 지도 교사 및 실습생" 작성 방법: 실습 지도 교사가 동일한 보육실습 기간 내에 지도한 전체 실습생의 성명, 양성교육기관(학교 및 학과명, 교육원명)을 작성

방과후과정(종일제) 운영 확인서

본 (   )유치원은 「유아교육법」 제12조 2항 및 제13조 1항에 의거하여 (   )학년도 (   )월부터 방과후과정(종일제)을 운영하고 있으며 우리 유치원의 원아 정원은 다음과 같습니다.

– 아 래 –

구분	정원	비고
유치원		

상기 사항을 확인합니다.

년 월 일

유치원장 (직인)

범죄전력 조회 신청서 예시

범죄경력회보서 발급시스템 (http://crims.police.go.kr)에서도 신청할 수 있습니다.

성범죄경력 조회 동의서 및 아동학대 관련 범죄전력 동의서

<table>
<tr><td rowspan="6">대상자</td><td rowspan="2">성 명</td><td colspan="3">한글 (또는 한자)</td></tr>
<tr><td colspan="3">영문 (외국인의 경우 기입)</td></tr>
<tr><td>주민 등록 번호</td><td>–</td><td>외국인의 경우 : 국적과 여권
번호 또는 외국인 등록 번호</td><td></td></tr>
<tr><td>주소</td><td colspan="3"></td></tr>
<tr><td>전화번호</td><td colspan="3"></td></tr>
</table>

본인은 ○○○어린이집(유치원, 아동복지시설, 청소년쉼터, 청소년활동시설, 의료기관 등) 취업자(취업 예정자)로서, 「아동·청소년의 성보호에 관한 법률」 제56조 및 같은 법 시행령 제25조에 따른 성범죄경력 조회, 「아동복지법」 제29조의3에 따른 아동학대 범죄전력 조회 신청에 동의합니다.

년 월 일

동의자 (서명 또는 인)

경찰서장 귀하

유의 사항
대상자가 외국인인 경우 한글 · 영문의 성명, 국적과 함께 여권 번호 또는 외국인 등록 번호를 적습니다.

보육실습 소감문

실 습 생		실습 기간	20 년 월 일 ~ 20 년 월 일
실습기관명		실습 학급 연령	만 세
실습기관 주소			
보육교사 과정을 선택하게 된 동기			
실습 현장에서 느낀 점			
실습생으로서 자신에 대한 평가			
앞으로 어떤 교사로 남을 것인지			

참고 문헌

김미정(2017). 예비보육교사의 보육실습만족도, 교사전문성 및 교사효능감 인식과 보육헌신과의 관계 연구 - A대학교 학점은행제 보육교사 양성과정생을 대상으로-. 숙명여자대학교 대학원 박사학위논문.

김정희·문혁준·백혜리·김혜연·김민희·정다운(2017). **보육실습**. 창지사.

김지영·손은경·김숙희·손혜경(2017). **보육실습**. 양서원.

김현미·박선숙·윤혜경·최정아(2017). **표준보육실습**. 공동체.

나귀옥·김경희·곽정인(2017). **보육실습**. 학지사.

도미향·이명숙·이영녀(2015). **보육실습**. 신정사.

류칠선(1998). 유아교육과 학생의 교육실습 체험에 관한 현상학적 연구. **한국영유아보육학, 제16집**. 287-310.

마포구육아종합지원센터(2013). **보육과정을 위한 보육일지 작성의 실제**.

문혁준·백혜리·김정희·김혜연·김민희(2012). **보육실습**. 창지사.

박은혜(2013). **유아교사론**. 창지사.

박은혜 외(2007). **보육프로그램개발**. 육아정책개발센터.

보건복지부(2012). **3세 누리과정에 기초한 어린이집 프로그램**.

보건복지부(2012). **4세 누리과정에 기초한 어린이집 프로그램**.

보건복지부(2012). **5세 누리과정에 기초한 어린이집 프로그램**.

보건복지부(2013). 제3차 표준보육과정.

보건복지부(2016). 보육사업안내.

보건복지부 · 중앙육아종합지원센터(2018). 표준보육과정의 이해와 실제.

보건복지부 · 한국보육진흥원(2018). 2018 제3차 어린이집 평가인증 안내(통합지표).

서혜성 · 김경화 · 신지현(2012). 보육실습. 공동체.

서혜전 · 박은주 · 노성향 · 강경민 · 나양자 · 이상혁(2018). 보육실습. 양서원.

성미영 · 신혜원(2017). 보육실습. 학지사.

안선희 · 문혁준 · 김양은 · 김영심 · 안효진 · 이경옥 · 신혜원(2015). 아동관찰 및 행동연구. 창지사.

오은순 · 이재숙(2016). 보육실습의 이론과 실제. 교문사.

윤매자 · 강선희 · 이종숙 · 이현주(2017). 보육실습. 공동체.

윤희경 · 최경애 · 조유나 · 조혜경 · 황혜경 · 오애순 · 이정란(2011). 보육실습. 창지사.

윤희경 · 최경애 · 조유나 · 조혜경 · 황혜경 · 오애순 · 이정란(2017). 보육실습. 창지사.

임승렬(2014). 보육실습. 공동체.

정남미(2013). 유아언어교육. 창지사.

정옥분(2012). 아동발달의 이해. 학지사.

정현숙(2017). 보육실습. 창지사.

조복희(2014). 아동발달. 교육과학사.

조혜경 · 구경선 · 곽혜경(2018). 보육교사론. 창지사.

한국보육진흥원(2013). 어린이집에서의 보육실습 지도.

한국보육진흥원(2017). 보육교직원 자격: 자료실.

한국보육진흥원(2017). 어린이집에서의 보육실습 지도.

황해익 · 최혜진 · 정혜영 · 권유진(2014). 아동관찰 및 행동연구. 공동체.

저자 소개

김미정

- 숙명여자대학교 교육대학원 유아교육전공(교육학석사)
- 숙명여자대학교 일반대학원 아동복지학과 아동보육교육전공(문학박사)
- 총신대학교 대학원 유아교육전공 외래교수
- 현) 한국성서대학교 평생교육원 아동학과 주임교수
- 현) 숭의여자대학교 아동미술보육과 강사

김종애

- 한국외국어대학교 교육대학원 유아교육전공(교육학석사)
- 국제문화대학원대학교 대학원 사회복지, 평생교육전공(교육학박사)
- 한국성서대학교 평생교육원 아동학과 외래교수
- 현) 용인대학교 초빙교수
- 현) 가온인지발달연구소 대표

김진영

- 서울여자대학교 일반대학원 유아교육전공(교육학석사)
- 한국성서대학교 평생교육원 아동학과 외래교수
- 강남세브란스 어린이집 원장
- 숭의여자대학교 아동미술보육과 강사
- 현) 한국무역보험공사 어린이집 원장

안순옥
- 중앙대학교 대학원 아동복지학과 졸업(문학석사)
- 충북대학교 대학원 아동복지학과(박사수료)
- 한국방송통신대학교 유이교육과 강사
- 현) 한국성서대학교 평생교육원 아동학과 외래교수
- 현) 건양대학교 평생교육대학 강사

유명례
- 숭실대학교 교육대학원 유아교육전공(교육학석사)
- 숙명여자대학교 일반대학원 아동복지학과 아동보육교육전공(박사수료)
- 한국성서대학교 평생교육원 아동학과 외래교수
- 현) 이삭어린이집 원장

장경자
- 한국외국어대학교 교육대학원 유아교육전공(교육학석사)
- 국제문화대학원대학교 대학원 사회복지, 평생교육전공(교육학박사)
- 한국성서대학교 평생교육원 아동학과 외래교수
- 한양여자대학교, 협성대학교 강사
- 현) 행복한 숲 유치원 원장

보육실습

초판 1쇄 인쇄 2019년 3월 14일
초판 1쇄 발행 2019년 3월 18일

지 은 이 | 김미정·김종애·김진영·안순옥·유명례·장경자
펴 낸 이 | 김기섭
편 집 인 | 이윤희
펴 낸 곳 | 창지사 www.changjisa.com
08589 서울시 금천구 가산디지털 1로 83 파트너스타워 1차 9층
전화 (02)719-2211~3
팩스 (02)701-9386
등 록 | 1977년 4월 28일 · 제1-421호

ISBN 978-89-426-1207-9 (93370)

값 10,000원

이 도서의 국립중앙도서관 출판예정도서목록(CIP)은 서지정보유통지원시스템 홈페이지(http://seoji.nl.go.kr)와 국가자료공동목록시스템(http://www.nl.go.kr/kolisnet)에서 이용하실 수 있습니다.(CIP제어번호: CIP 2019009707)